校企合作公共服务类专业精品教材

养老机构智慧运营与管理

主审　胡萍华
主编　俞海燕　韩知非

镇　江

内 容 提 要

本书从养老机构运营管理的实际需要出发，结合新一代信息技术在养老领域的应用，系统地介绍了养老机构运营与管理的基础理论知识。本书共分为 7 个项目，分别为养老机构概述、养老机构建设、养老机构营销运营、养老机构服务管理、养老机构人事管理、养老机构财务管理和养老机构后勤管理。

本书结构合理，体例新颖，内容通俗易懂，具有较强的实用性和指导性，可作为各类院校智慧健康养老服务与管理、老年人服务与管理等专业及其他相关专业的教材。

图书在版编目（CIP）数据

养老机构智慧运营与管理 / 俞海燕，韩知非主编
. -- 镇江 ：江苏大学出版社，2024.3（2025.6 重印）
ISBN 978-7-5684-2180-5

Ⅰ. ①养… Ⅱ. ①俞… ②韩… Ⅲ. ①养老院－运营管理－中国 Ⅳ. ①D669.6

中国国家版本馆 CIP 数据核字(2024)第 063061 号

养老机构智慧运营与管理
Yanglao Jigou Zhihui Yunying Yu Guanli

主　　编 / 俞海燕　韩知非
责任编辑 / 吴小娟
出版发行 / 江苏大学出版社
地　　址 / 江苏省镇江市京口区学府路 301 号（邮编：212013）
电　　话 / 0511-84446464（传真）
网　　址 / http://press.ujs.edu.cn
排　　版 / 艺通印刷（天津）有限公司
印　　刷 / 艺通印刷（天津）有限公司
开　　本 / 787 mm×1 092 mm　1/16
印　　张 / 12
字　　数 / 300 千字
版　　次 / 2024 年 3 月第 1 版
印　　次 / 2025 年 6 月第 2 次印刷
书　　号 / ISBN 978-7-5684-2180-5
定　　价 / 39.80 元

前言
PREFACE

随着我国人口老龄化程度的加深，老年人口数量不断增加，养老服务需求进一步扩大。养老机构作为我国社会养老服务体系的载体，承担着提供养老服务、保障老年人权益的义务。为了不断满足老年人日益增长的多层次、高品质健康养老需求，养老机构需要不断提高运营与管理水平。

当下，新一代信息技术蓬勃发展，推动着养老服务不断升级迭代。在这样的时代背景下，众多养老机构依托先进的信息技术构建了智慧养老服务体系，极大地提高了运营与管理的效率，但这也对养老从业人员的能力提出了更高要求。

本书结合大量案例，介绍了养老机构智慧运营与管理的新思路、新途径、新方法，有利于培养学生的运营和管理能力。具体来说，本书具有以下特色。

1 育人为本，德技并修

党的二十大报告中指出："育人的根本在于立德。"为了深入贯彻党的二十大精神，落实立德树人根本任务，本书每个项目首页设有"素质目标"，正文中设有"修身笃学""科技助老"模块，将尊老敬老传统美德、爱岗敬业精神、科技助老理念、安全意识等融入本书中，在潜移默化中培养德才兼备的养老服务人才。

2 校企合作，职业引领

为了突出本书的实用性和适用性，编者在编写本书时，走访了多家养老机构，向一线养老服务管理人员了解养老机构在营销运营、服务管理、人事管理、财务管理、后勤管理方面遇到的问题、解决问题的方法、最终取得的成果，并将这些内容有机融入本书中。此外，本书中的部分案例和图片由编者走访的养老机构提供，这些案例和图片有助于学生更好地了解理论知识在实践中的具体应用。

3 内容权威，来源可靠

编者在编写本书的过程中，参考了许多标准，如《养老机构等级划分与评定》（GB/T 37276—

2018）、《养老机构岗位设置及人员配备规范》（MZ/T 187—2021）、《养老机构生活照料服务规范》（MZ/T 171—2021）、《养老机构服务质量基本规范》（GB/T 35796—2017）、《养老机构洗涤服务规范》（MZ/T 189—2021）等，保证了本书内容的权威性。

4 体例新颖，模块丰富

本书采用项目任务式结构编写，每个任务均以一个典型案例作为导入案例，通过提问的方式引发学生思考，使学生带着问题学习理论知识；正文中穿插“小贴士”“同步案例”“课堂互动”“视野拓展”等模块，帮助学生巩固所学知识，拓宽视野，并增强课堂教学的趣味性；每个任务后设置“任务实施”，培养学生运用所学知识解决实际问题的能力。此外，本书在每个项目后设置了“学习成果自测”和“学习成果评价”，以帮助学生检验学习成果。

5 平台支撑，资源丰富

本书提供了丰富的数字资源，读者既可以借助手机或其他移动设备扫描书中的二维码观看微课视频，也可以登录文旌综合教育平台“文旌课堂”查看和下载本书配套资源，如课件、微课、教案、课后习题答案等。读者在使用本书的过程中有任何疑问，都可以登录该平台寻求帮助。

此外，本书还提供了在线题库，支持“教学作业，一键发布”，教师只需通过微信或“文旌课堂”App 扫描扉页二维码，即可迅速选题、一键发布、智能批改，并查看学生的作业分析报告，从而提高教学效率、提升教学体验。学生可在线完成作业，巩固所学知识，提高学习效率。

本书由胡萍华担任主审，俞海燕、韩知非担任主编，张永海、蒋文珍、潘剑芝、郑婷、李军、张光静、王雅芬担任副主编。由于编者水平有限，书中难免存在疏漏与不妥之处，诚请广大读者批评指正。

特别说明：

（1）编者在编写本书的过程中，参考了大量资料并引用了部分文字和图片等。大部分引用的资料已获授权，但由于部分资料来自网络，我们未能确认出处，也暂时无法联系到原作者。对此，我们深表歉意，并欢迎原作者随时与我们联系，我们将按规定支付酬劳。

（2）本书所选案例大部分来源于真实事件，但为了避免引起误会，我们对部分人名和企业名进行了模糊化处理。

（3）本书没有注明资料来源的案例均为编者自编或根据真实事件改编。

本书配套资源下载网址和联系方式

网址：https://www.wenjingketang.com

电话：400-117-9835

邮箱：book@wenjingketang.com

目录 CONTENTS

项目一 养老机构概述

项目引言

近年来，我国人口老龄化程度不断加深。截至 2023 年年底，我国 60 岁及以上人口达 2.97 亿，占全国人口的 21.1%。养老机构作为解决养老问题的重要载体，不仅能为老年人提供专业的生活照料服务和医疗护理服务，还能在一定程度上减轻家庭成员的照料负担。

知识目标

- 熟悉养老机构的概念和特点。
- 掌握养老机构的分类、等级和服务。
- 熟悉智慧养老的概念和意义。
- 了解养老机构智慧化的体现和优势。

素质目标

- 通过学习养老机构的服务内容，增强服务意识，提高服务能力。
- 通过学习“让养老服务更智慧、更贴心”案例，培养科技创新意识。

任务一　认识养老机构

任务导入

服务更贴心　养老更安心

“这是我养的花，我不知道它的名字，你觉得好看吗？”甘肃省庆阳市华池县社会福利院的王爷爷高兴地向探访者介绍他养的花。王爷爷于2020年入住华池县社会福利院。在这里，他乐观开朗，热爱生活，积极参加福利院组织的各项活动，连续3年被评为优秀院民。

走进华池县社会福利院的活动室，可以看到老年人在养老护理员的引导下画画、用橡皮泥进行手工创作。“平时，我们在一起做手指操、进行手工创作、画画，还做各种游戏，他们很开心，生活过得很充实。”养老护理员说。

华池县社会福利院在满足入住老年人衣、食、住、行、医等方面需求的同时，非常关注老年人的心理健康，不断丰富老年人的文化娱乐生活，设置了活动室、手工制作室、阅览室、康复室、心理咨询室等，并且根据老年人的兴趣爱好，开设了手工、手势舞、红歌等课堂。

此外，华池县社会福利院还采用积分奖励方式激发老年人创造美好生活的热情。老年人可通过打扫房间、做早操、帮助他人、参加福利院组织的活动等途径获得积分，凭积分兑换相应的生活用品和零食。

（资料来源：张金楠，《华池县：服务更贴心　养老更安心》，《陇东报》，2023年5月21日）

思考：

（1）什么是养老机构？社会福利院是否属于养老机构？

（2）从投资主体来看，养老机构有哪些类型？

（3）养老机构主要提供哪些服务？

一、养老机构的概念和特点

《养老机构基本规范》（GB/T 29353—2012）将养老机构定义为：“为老年人提供生活照料、膳食、康复、护理、医疗保健等综合性服务的各类组织。”

养老机构应具有独立法人资格，有相对独立、固定、专用的经营场所。养老机构以适老化建筑及配套设施为载体，其人力资源的配置应满足养老服务的需要。养老机构具有服务内

容多元、公益优先、运营风险大等特点。

（一）服务内容多元

养老机构通常提供生活照料、膳食、医疗护理、康复、心理/精神支持、文化娱乐等多元化服务，以满足老年人在衣、食、住、行等方面的基本需求和对康复、护理、医疗，以及思想、精神、文化、娱乐等方面的需求。

（二）公益优先

公益即公共利益。我国大多数养老机构以帮扶和救助困难老年人群体为经营的主要目的，倡导公益优先、兼顾营利的经营方式。2023 年 5 月，中共中央办公厅、国务院办公厅印发的《关于推进基本养老服务体系建设的意见》指出，发挥公办养老机构提供基本养老服务的基础作用，建立公办养老机构入住管理制度，强化对失能特困老年人的兜底保障。此外，近年来，我国养老服务市场全面放开，越来越多的民办养老机构兴起，满足了不同年龄段、不同消费层次的老年人的养老需要，养老机构的公益性更加明显。

（三）运营风险大

养老机构的服务对象是老年人，而且很多是自理能力欠缺的老年人，这些老年人意外受伤、突发疾病、因病死亡的可能性比普通人大得多。一旦老年人发生意外，就容易引发服务纠纷，甚至使养老机构的声誉遭受重创。

二、养老机构的分类

按照投资主体和营利性质的不同，可将养老机构分为不同的类型。

（一）按照投资主体分类

按照投资主体不同，可将养老机构分为公办养老机构、民办养老机构、外资养老机构。

1. 公办养老机构

公办养老机构是指由国家和政府机构投资建设并自主运营或委托社会力量运营的养老机构，是政府履行兜底保障职责的主要载体，也是养老服务体系的重要组成部分。公办养老机构优先接收经济困难的失能失智、孤寡、残疾、高龄老年人，以及计划生育特殊家庭老年人、为社会做出重要贡献的老年人。

按照经营主体不同，公办养老机构可分为公办公营养老机构、公办民营养老机构、公建民营养老机构。按照投资者的不同，公办养老机构可分为国办养老机构和集体办养老机构。

（1）国办养老机构。国办养老机构由国家出资设立。典型的国办养老机构有社会福利院（见图 1-1）、光荣院、干部休养所等。

图 1-1　社会福利院

（2）集体办养老机构。集体办养老机构一般指乡镇人民政府、街道办事处组织设立的养老机构，主要为“三无”（无劳动能力、无生活来源、无赡养人和扶养人，或者其赡养人和扶养人确无赡养和扶养能力）老年人、“五保”（保吃、保穿、保住、保医、保葬）老年人和其他孤寡老年人提供养老服务。典型的集体办养老机构有农村幸福院、农村敬老院。

小贴士

《中华人民共和国老年人权益保障法》第十四条第二款规定：“赡养人是指老年人的子女以及其他依法负有赡养义务的人。”第二十三条规定：“老年人与配偶有相互扶养的义务。由兄、姐扶养的弟、妹成年后，有负担能力的，对年老无赡养人的兄、姐有扶养的义务。”

2．民办养老机构

民办养老机构是指国家和政府机构以外的社会组织或个人兴办的养老机构，分为民办营利性养老机构和民办非营利性养老机构。近年来，各级政府加大了对民办养老机构的扶持力度，鼓励和支持民办养老机构发展。例如，重庆市明确规定，社会力量兴办的养老机构，拥有自有房产、新增床位在 50 张以上的，将给予每张床位 10 000 元的建设补贴；符合条件租赁房产（租赁期 5 年以上）、新增床位 20 张以上的，将给予每张床位 5 000 元的建设补贴。又如，湖北省黄冈市规定，对于非营利性社会力量新建的养老机构，给予其每张新增床位不低于 1 500 元的一次性补贴；对于改造和租赁用房建设的养老机构，给予其每张床位不低于 1 000 元的一次性补贴。

3．外资养老机构

外国投资者在华独立或与我国公司、企业和其他经济组织以合资、合作的方式在我国境内设立的养老机构属于外资养老机构。当前，我国外资养老机构主要集中在北京、上海、广州等一线城市及长江三角洲地区的二线城市，这些城市相继出台了与外资养老机构有关的政策。

例如，《北京市人民政府关于扩大对外开放提高利用外资水平的意见》中明确指出，鼓励外商投资企业在京设立营利性养老机构、医养结合服务机构、社区养老服务驿站、专业护理服务机构，提供多元化养老服务。

（二）按照营利性质分类

按照营利性质不同，养老机构可分为营利性养老机构和非营利性养老机构两大类。

1. 营利性养老机构

营利性养老机构以谋求利润为经营目的。设立营利性养老机构，应当在市场监督管理部门办理登记，在服务场所所在地的县级人民政府民政部门办理备案。营利性养老机构具有商业性，需要缴纳税金，但享受一定额度的税收减免。营利性养老机构可自行制定服务项目的收费标准，但必须遵守国家和地方政府价格管理的相关规定，由民政部门负责监督。营利性养老机构的经营利润可自由分配。

2. 非营利性养老机构

非营利性养老机构不以谋求利润为经营目的，有民办和公办两种类型。设立非营利性养老机构，应当依法办理相应的登记与备案。非营利性养老机构具有社会福利性，享受国家和地方财政补贴。非营利性养老机构的床位费和基本护理费实行政府指导价，由民政部门负责监督，其经营利润只能用于养老服务行业。

课堂互动

2～3 人一组，讨论不同类型的养老机构的区别，然后举例说明每类养老机构主要接收哪类老年人。

三、养老机构的等级

《养老机构等级划分与评定》（GB/T 37276—2018）将养老机构划分为 5 个等级，从低到高依次为一级、二级、三级、四级、五级，用一颗五角星表示一级，用两颗五角星表示二级，以此类推。级数越高，表示养老机构在环境、设施设备、运营管理、服务方面的综合能力越强。

（一）养老机构等级评定的基本要求

养老机构申请等级评定，在执业证明、工作人员、空间配置、运营管理与服务方面应满足的基本要求如表 1-1 所示。

表 1-1　养老机构申请等级评定应满足的基本要求

项目	基本要求
执业证明	① 具有《营业执照》或《事业单位法人证书》或《民办非企业单位登记证书》 ② 具有消防安全合格证明 ③ 具有房产证明或租赁使用证明 ④ 养老机构内设的餐饮服务机构具有食品经营许可证 ⑤ 养老机构内设的医疗机构具有医疗机构执业许可证或医疗机构执业备案证明 ⑥ 养老机构若使用特种设备，则应具有特种设备使用登记证 ⑦ 养老机构若提供其他须经许可的服务，则应具有相应资质
工作人员	① 养老机构院长、副院长具有初中及以上文化程度 ② 养老护理员经岗前培训合格后上岗 ③ 医生持有医师资格证书和医师执业证书，护士持有护士执业证书，特种设备管理人员具备相应的上岗资质，其他专业技术人员持有与岗位相适应的专业资格证书或执业证书 ④ 所有提供生活照料、膳食、医疗护理服务的工作人员均持有健康证明
空间配置	① 老年人居室内床位平均可使用面积不低于 6 m^2，单人居室使用面积不低于 10 m^2 ② 老年人居室、卫生间、洗浴空间设有紧急呼叫装置，或为老年人配备可穿戴紧急呼叫设备 ③ 养老机构主要的出入口、门厅、走廊、居室无障碍，能够满足轮椅、担架通行的需求；卫生间、洗浴空间无障碍，能够满足轮椅通行的需求 ④ 养老机构的出入口、就餐空间、活动场所装有视频监控系统 ⑤ 公共区域和老年人居室整洁，地面干燥，物品摆放安全合理，空气无异味 ⑥ 卫生间设有便器、洗手盆，配有安全防护措施、无障碍设施，通风良好，空气无异味 ⑦ 洗浴空间设有包括但不限于防滑地面、安全扶手等安全防护措施，并留有助浴空间 ⑧ 室内活动场所明亮，配有活动用品 ⑨ 就餐空间内的桌椅牢固，稳定 ⑩ 设接待空间 ⑪ 公共区域设有明显的公共信息图形标志，这些标志符合相关规定
运营管理与服务	① 1 年内无责任事故发生 ② 按照相关规定建立基本管理制度，包括但不限于行政办公制度、人力资源管理制度、服务管理制度、财务管理制度、安全管理制度、后勤管理制度、评价与改进制度 ③ 按照相关规定建立安全管理体系，对养老机构内各项管理制度、安全记录建档并留存 ④ 服务提供与服务质量符合相关规定 ⑤ 按照老年人的能力进行入院评估，制订照护计划 ⑥ 与所有入住的老年人签订服务协议（特困老年人送养协议或社会老年人服务协议） ⑦ 建立老年人入住档案和健康档案 ⑧ 组织老年人开展健康体检，每年不少于 1 次 ⑨ 入住老年人Ⅱ度及以上压疮新发生率低于 5% ⑩ 每日至少组织 2 次适宜老年人的活动

除满足上述基本要求外，养老机构申请评定的等级不同，在入住率、服务项目、管理者的文化程度等方面应满足的要求也不同。以入住率为例，一级、二级、三级、四级、五级养

老机构的入住率依次不应低于 30%、35%、40%、45%、50%。

（二）养老机构等级评定的内容与分值

养老机构等级评定采用打分制。等级评定总分为 1 000 分，包括环境 120 分、设施设备 130 分、运营管理 150 分、服务 600 分。按“优秀”“良好”“一般”“较差”4 项的分值范围进行打分，分别计算每个分项的得分，最后计算总得分。养老机构等级评定的内容与分值如表 1-2 所示。

表 1-2　养老机构等级评定的内容与分值

评定项目	分项总分	评定内容
环境	120	交通便捷度（10 分）、周边服务设施（10 分）、公共信息图形标志（10 分）、院内无障碍（50 分）、室内温度（15 分）、室内光照（15 分）、室内噪声（5 分）、绿化（5 分）
设施设备	130	居室（20 分）、卫生间与洗浴空间（20 分）、就餐空间（15 分）、洗涤空间（10 分）、接待空间（5 分）、活动场所（10 分）、储物间（5 分）、医疗卫生用房（15 分）、停车区域（5 分）、评估空间（5 分）、康复空间（10 分）、社工工作室/心理咨询空间（10 分）
运营管理	150	行政办公管理（10 分）、人力资源管理（20 分）、服务管理（30 分）、财务管理（15 分）、安全管理（30 分）、后勤管理（15 分）、评价与改进（30 分）
服务	600	出入院服务（50 分）、生活照料服务（120 分）、膳食服务（70 分）、清洁卫生服务（40 分）、洗涤服务（25 分）、医疗护理服务（60 分）、文化娱乐服务（50 分）、心理/精神支持服务（35 分）、安宁服务（30 分）、委托服务（20 分）、康复服务（50 分）、教育服务（20 分）、居家上门服务（30 分）

养老机构等级评定总得分不低于 360 分且每一分项得分不低于该项总分 40%的，可评定为一级养老机构；养老机构等级评定总得分不低于 450 分且每一分项得分不低于该项总分 50%的，可评定为二级养老机构；养老机构等级评定总得分不低于 570 分且每一分项得分不低于该项总分 60%的，可评定为三级养老机构；养老机构等级评定总得分不低于 780 分且每一分项得分不低于该项总分 80%的，可评定为四级养老机构；养老机构等级评定总得分不低于 900 分且每一分项得分不低于该项总分 90%的，可评定为五级养老机构。

（三）养老机构等级评定的程序

养老机构可根据自身情况向评定机构提出申请，并提交自评报告和其他相关材料。评定机构开展评定，并出具评定报告。不同地区的养老机构的等级评定程序大体相同，依次为申请、审查、评审、评定与公示、等级确认、公告与发证。下面以上海市为例，详细介绍养老机构等级评定的程序。

（1）申请。养老机构结合自评情况向评定机构提出等级评定申请，并提交养老机构评定申请书，养老机构自评报告，前三年接受有关部门抽查、检查、评估的结果及整改情况说明。

（2）审查。评定机构收到申报材料后进行审查，并公布符合参评条件的养老机构名单。

（3）评审。评定机构组织评定人员开展等级评定，包括现场评价、书面评价和社会评价。评定机构提出初步评定意见，并报评定委员会。

（4）评定与公示。评定委员会审核初步评定意见，确定评定等级，并向社会公示评定结果。

（5）等级确认、公告与发证。上海市民政局确认养老机构评定等级，发布公告，向通过等级评定的养老机构送达评定结果通知书，并颁发等级证书和牌匾。

河南省评出首批四星级养老机构

河南省作为养老机构等级评定先行先试省份，在提高养老服务供给水平、开展居家社区示范创建工作的同时，成立专班，积极推进养老机构等级评定工作。从河南省民政厅印发的《关于 2022 年度全省养老机构等级评定结果的通报》中可知，经过自愿申报、材料审核、实地评估、综合评审、公示等环节，河南省养老机构等级评定委员会最终确定 18 家养老机构为四星级养老机构，同时授予其四星级牌匾（见图 1-2）。

图 1-2　四星级牌匾

河南省养老机构等级评定委员会严格按照《〈养老机构等级划分与评定〉国家标准实施指南（试行）》和《养老机构等级划分与评定》（GB/T 37276—2018）中的要求，从环境、设施设备、运营管理和服务 4 个方面对养老机构进行等级评定。

这 18 家四星级养老机构等级标志的有效期自 2023 年 1 月至 2026 年 1 月。对此，河南省民政厅养老服务处相关负责人表示，养老机构获得星级称号并不意味着“一劳永逸”，按照相关标准，等级标志的有效期为三年，而且在三年有效期内，有关部门每年还会按比例进行抽查。

养老机构等级评定不仅能提高养老机构的建设和运营管理水平，推进养老机构多层次发展，促进养老服务高质量发展，而且能方便民众根据等级来分辨养老机构的综合实力。

（资料来源：蔡君彦，《18 家！河南评出首批四星级养老机构》，大河网，2023 年 1 月 13 日）

四、养老机构的服务

养老机构的服务类型主要包括自理服务、介助服务、介护服务。其中，介助服务是指为日常生活行为依赖扶手、拐杖、轮椅等设施帮助的老年人提供的有助于其行动的服务；介护服务是指以照顾老年人日常生活起居为基础，为身体或精神上出现障碍的老年人提供的各种援助服务。养老机构会根据老年人能力的不同，为其提供相应的服务。

（一）服务对象

根据自理能力、基础运动能力、精神状态、感知觉与社会参与能力的不同，可将老年人分为能力完好、轻度失能、中度失能、重度失能、完全失能 5 个等级。

1．能力完好老年人

能力完好老年人日常生活可以自理，精神状态、感知觉与沟通能力正常，能参与社会活动，一般不需要养老护理员的指导与协助。根据《老年人能力评估规范》（GB/T 42195—2022）的规定，自理能力、基础运动能力、精神状态、感知觉与社会参与等 4 个指标的总得分达到 90 分的老年人为能力完好老年人。老年人能力评估指标如表 1-3 所示。

表 1-3　老年人能力评估指标

一级指标	二级指标
自理能力	进食、修饰、洗澡、穿/脱上衣、穿/脱裤子和鞋袜、小便控制、大便控制、如厕
基础运动能力	床上体位转移、床椅转移、平地行走、上下楼梯
精神状态	时间定向、空间定向、人物定向、记忆、理解能力、表达能力、攻击行为、抑郁症状、意识水平
感知觉与社会参与	视力、听力、执行日常事务、使用交通工具外出、社会交往能力

日常生活可以自理却又选择入住养老机构的老年人相对较少。他们之所以选择入住养老机构，主要有 3 个原因：① 想要脱离居家养老的孤独环境，尤其是丧偶的老年人；② 寻求安全感，不想拖累子女；③ 养老机构可以解决温饱问题，省去了自己买菜、做饭、洗衣服、打扫卫生等家务劳动。

2．轻度失能和中度失能老年人

轻度失能和中度失能老年人精神状态、感知觉与沟通能力不佳，生活不能完全自理。自理能力、基础运动能力、精神状态、感知觉与社会参与等 4 个指标的总得分在 66～89 分的老年人为轻度失能老年人，总得分在 46～65 分的老年人为中度失能老年人。养老机构会为轻度失能和中度失能老年人提供介助服务。

3．重度失能和完全失能老年人

重度失能和完全失能老年人感知觉与沟通能力严重受损，日常生活完全依赖他人，其中有些老年人患有失智症，易走失、跌倒、噎食、自伤等。自理能力、基础运动能力、精神状态、感知觉与社会参与等4个指标的总得分在30～45分的老年人为重度失能老年人，总得分在0～29分的老年人与处于昏迷状态的老年人为完全失能老年人。养老机构会为重度失能和完全失能老年人提供介护服务。图1-3为养老护理员为失能老年人提供进餐服务。

图1-3　养老护理员为失能老年人提供进餐服务

修身笃学

《孟子·梁惠王上》中写道："老吾老，以及人之老。"大意是说善待自己家庭的老人，并由此推广到善待其他家庭的老人。孝亲敬老是善德之先。每个人都有老去的时候，善待老人就是善待明天的自己。

（二）服务内容

养老机构提供的服务主要包括出入院服务、生活照料服务、膳食服务、医疗护理服务、康复服务、心理/精神支持服务、文化娱乐服务、清洁卫生服务、洗涤服务、安宁服务等。

1. 出入院服务

出入院服务包括但不限于入院评估、出入院手续办理及告知服务。养老机构应根据国家标准或地方标准对入院老年人开展能力评估，向老年人或相关第三方出具评估结果，由评估人员、老年人或相关第三方签字确认；根据能力评估结果和老年人的服务需求制订照护服务计划，与入住老年人或相关第三方签订服务合同；建立老年人入住档案。养老机构应在老年人出院时，及时与老年人或相关第三方进行财物交接；在老年人出院后，为老年人做出院小结，及时完成档案整理及归档工作。

2. 生活照料服务

生活照料服务的主要内容包括饮食照料、起居照料、清洁卫生照料、排泄照料、体位转移照料。生活照料服务是养老机构的基础性、必备性服务。养老机构应提供24小时生活照料服务，并且应防止老年人跌倒、烫伤。

3. 膳食服务

膳食服务是指根据营养学、卫生学要求，向老年人提供营养均衡的饮食的活动。养老机

构应提供适合老年人的各种不同形态的膳食，并且制作膳食的流程应规范。养老机构应为老年人提供集体用餐服务和个性用餐服务（如点餐、代加工等）。

4. 医疗护理服务

医疗护理服务是指为老年人提供疾病预防、保健、康复、医疗等方面的活动。医疗护理服务的主要内容包括预防保健、健康管理、药物管理、协助医疗、常见病和多发病诊疗、院内感染控制等。

医养结合——助力老年健康

养老机构的医疗护理服务通常以医养结合的模式呈现，该模式主要有两种：一种是养老机构内设医务部、护理部等医疗机构，由养老机构提供医疗护理服务；另一种是养老机构与医疗机构合作并且建立双向转诊机制，由医疗机构提供医疗服务，养老机构仅提供康复期的护理服务、药物管理服务等。

小贴士

为严禁养老机构违法违规开展医疗护理服务，切实维护老年人的合法权益，《关于严禁养老机构违法违规开展医疗服务的通知》中明确规定："坚决杜绝养老机构内无执业资质的机构以'诊所、卫生所（室）、医务室、护理站'等医疗机构、医养结合机构名义提供医疗服务。坚决杜绝养老机构内无行医资质的相关人员以'医师、护士、医技人员'等卫生技术人员名义提供医疗服务。要强化养老机构主体责任，对内设医疗机构，应当依法依规及时备案并聘请具有资质的人员提供医疗服务；养老机构与其他医疗机构合作内设医疗机构或购买医疗服务时，应当核验提供医疗服务机构和人员的资质。"

5. 康复服务

康复服务是指采用科学方法、设施和设备，消除或减轻病、伤、残老年人身心、社会功能障碍，达到和保持老年人生理、智力、精神、社会功能的活动，能够帮助老年人恢复、提高生活自理能力。养老机构康复服务的主要内容包括康复训练、心理康复、康复护理、物理因子治疗、康复辅助器具配置、康复知识普及等。

6. 心理/精神支持服务

心理/精神支持服务是指通过语言、文字等媒介，使老年人的认识、情感和态度有所变化，从而更好地适应环境，保持和促进身心健康的活动。养老机构的心理/精神支持服务主要包括环境适应服务、情绪疏导服务、心理支持服务、危机干预服务等。

养老机构应掌握老年人的心理或精神状况，在发现异常情况时及时与老年人沟通，并告知相关第三方；对有自伤或攻击倾向的老年人采取有效的防范措施并做好记录。此外，养老机构还应定期开展老年人心理健康辅导活动，组织能力完好且有意愿的老年人每年参加公益活动不少于 1 次；对于有心理问题倾向的老年人及时开展评估，采取有效的干预措施，及时联系相关第三方并做好记录。

7. 文化娱乐服务

文化娱乐服务是指根据老年人的身心健康情况提供的各种与文化艺术、娱乐休闲相关的活动。文化娱乐服务主要包括文化活动、体育活动、休闲娱乐活动、传统节日及纪念日庆祝活动、老年人生日庆祝活动等。

养老机构应制订活动服务计划，包括日常活动、月度活动及特色活动等，并且设置适合不同能力等级的老年人参加的活动，如观影、合唱、朗诵、学习书法、表演舞蹈、做手工（见图 1-4）、学习园艺等。

图 1-4 做手工

8. 清洁卫生服务

清洁卫生服务是指使用专业设备对老年人的居室、床单元及配套设施等进行清扫保洁的活动。养老机构的清洁卫生服务主要包括公共区域清洁服务和老年人居室清洁服务。

9. 洗涤服务

洗涤服务是指为老年人提供织物的收集、登记、分类、消毒、洗涤、干燥、整理和返还等的活动。养老机构的洗涤服务包括但不限于老年人衣服、被褥等织物的收集、清洗和消毒服务。

10. 安宁服务

安宁服务是指为临终老年人及相关第三方提供特别服务支持和心理慰藉的活动，以及应相关第三方要求，协助办理后事的活动。养老机构的安宁服务主要包括临终关怀服务、哀伤辅导服务和后事指导服务。养老机构应维护老年人的合法权益和尊严，保护老年人及其家属的隐私，按照老年人及其家属的需求和意愿开展安宁服务。

任务实施

任务描述：

以小组为单位，通过网络查询、电话咨询、实地调研等方式，从本地主要的养老机构中

选择一家，了解其类型、规模、服务对象、服务内容等。

实施要求：

（1）每组 3～5 人，从中选出一名组长，由组长负责本次任务实施的具体分工。

（2）每组根据所得资料制作 PPT，PPT 中包括但不限于养老机构的类型、规模、服务对象、服务内容。

（3）每组选出一人讲解本组制作的 PPT，并解答其他小组成员提出的问题。教师还可以根据 PPT 中的内容设置问题，然后组织学生进行讨论。

任务二　了解智慧化养老机构

任务导入

智慧养老有温度　老年生活更幸福

“爷爷，您把胳膊放平，我给您量一下血压。”在安徽省宿州市埇桥区 R 敬老院，潘院长正在给院内的老年人挨个测量血压，并将数据记录在手机软件上。

“现在连数据记录都这么与时俱进了？”来访者好奇地问。

“敬老，既要靠服务，也要靠科技！血压测量是智慧养老平台的一个模块，我把数据记录下来，就能方便地监测每位老年人的健康状况。”潘院长边介绍边向来访者展示智慧养老平台。潘院长说：“目前，我们敬老院共有 9 名养老护理员，他们照顾着 49 位老年人，服务力量相对薄弱。利用智慧养老平台进行日常工作管理，既省时省力，也方便养老护理员腾出更多的时间和精力照顾有困难的老年人。”

埇桥区 H 老年公寓创建于 1999 年，是一家综合性养老服务机构，2019 年 8 月起承接 R 敬老院的运营管理工作。走进 H 老年公寓，老年人床头的智能设备引人注目。“这三个监测设备分别是紧急呼叫设备、睡眠监测设备和红外监测设备，这些智能设备能够识别老年人的睡眠和动作，对异常情况进行提示和预警，并将相关信息实时反馈给值班人员。”H 老年公寓负责人说。

养老机构服务质量的提升离不开智慧养老平台的支撑。埇桥区智慧养老平台于 2022 年 6 月全面投入运行，目前已覆盖全区所有公办、民办养老机构，有效实现了对养老机构的线上监管。民政部门会不定期通知养老机构上传老年人的照片，利用人脸识别技术与信息库中的留档照片进行对照，核验在院人员数量，根据核验结果精准发放补贴。

民政局有关负责人表示：“埇桥区通过搭建智慧养老平台，实现养老信息数据化、服务标准化、补贴精准化、监管智能化、供需对接智慧化。智慧养老平台最大的优势是可以实现远程监管，提高管理和服务效率。民政局将以智慧养老平台为支点，逐渐接入老年助餐机，实现数字化管理运营，用新技术提高监管效率，让养老服务更有温度，老年生活更幸福。”

（资料来源：王硕，《智慧养老有温度 老年生活更幸福》，拂晓新闻网，2023 年 2 月 21 日）

思考：

（1）什么是智慧养老？

（2）智慧养老有几种模式？

（3）养老机构智慧化主要体现在哪些方面？

一、智慧养老的概念和意义

（一）智慧养老的概念

智慧养老——让老年生活无边界

智慧养老是指以物联网为中心，结合互联网、云计算、大数据和空间地理信息管理等技术提供的实时、快捷、高效、智能化的养老服务。智慧养老是在信息技术高速发展背景下应势而生的，突破了点对点供需对接的传统养老模式，实现了养老资源的优化与配置，嵌入、赋能、增慧的独特功能使其成为有效应对人口老龄化问题的新途径。

（二）智慧养老的意义

智慧养老对我国老龄事业发展和养老体系建设具有重要意义，它增强了养老服务的供给能力，提高了老年人的生活质量和养老机构的管理水平。

1. 增强了养老服务的供给能力

在物联网、大数据、云计算、人工智能、区块链等新一代信息技术的加持下，健康监测、养老监护等产品和慢性病智能综合管理、远程智慧医疗等服务广泛应用于家庭养老床位、智慧助老餐厅、智慧养老院等养老场景。老年人戴上智能腕表（见图 1-5）、手环，就可以实时查看心率、血压等健康数据；在居室装上烟雾传感器、煤气泄漏报警器和防溢水报警器，如有意外，这些设备就会在第一时间自动报警；安装门磁感应器，如果老年人居室的房门超过一定时间未关闭，相关人员就能及时收到提醒信息。

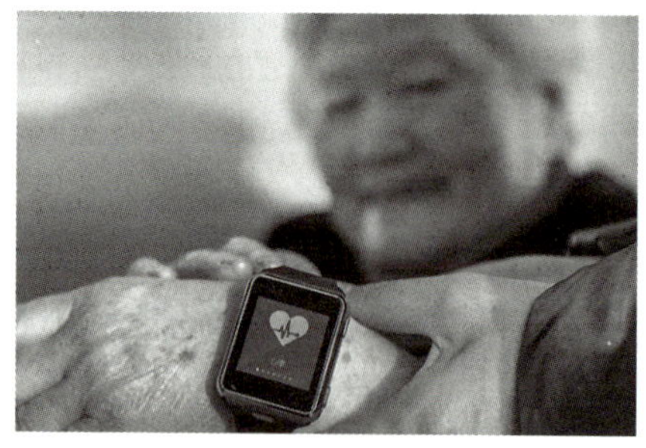

图 1-5 智能腕表

由此可见，智慧养老产品和服务的应用使日益增长的养老服务需求与养老服务人才短缺、服务供给不平衡之间的矛盾在一定程度上得到解决，有效增强了养老服务的供给能力。

2. 提高了老年人的生活质量

智慧养老围绕着老年人的日常起居、生活保障、健康管理、文化娱乐等方面而展开，能更好地满足老年人的个性化需求，让老年人享受科学技术带来的便利，提高老年人的生活品质。例如，针对患帕金森病的老年人，智能设备制造商开发了智能防抖勺（见图 1-6）。老年人使用智能防抖勺自行用餐，有利于身体机能的恢复。又如，在西安市莲湖区，一座建在“云”上的虚拟养老院落成，老年人通过在线实名注册，就能随时享受呼叫救助、服务调度、居家照料等服务。

图 1-6　智能防抖勺

3. 提高了养老机构的管理水平

智慧养老离不开信息平台。信息平台集在线服务、线上管理、线下运作功能于一体，不仅能够跨终端、跨空间实现数据的联通与同步，让养老护理员、医生、老年人及其家属实时掌握老年人的身体状况，还能实现各种业务的综合管理，有利于提高养老机构的管理水平。

普及智慧养老　更好地服务老年人

走进福建省三明市大田县某智慧养老服务中心，健康监测设备、一键呼叫器、智慧拐杖等各类智能产品随处可见，电子屏幕实时显示着老年人的需求信息和养老护理员的工作画面。

科技赋能、优化供给，利用智慧化手段能有效解决老年人子女不在身边、没有人照顾的难题。推动智慧养老普及，一方面，可以为老年人配备如智能腕表、手环、智能床垫，在老年人的居室内安装烟雾传感器、门磁传感器、红外传感器等智能养老设备，以保障老年人的基本安全；另一方面，老年人也可以通过打电话、在小程序下单等方式，选择自己需要的服务。数字应用和人工响应、线上监测和线下服务相结合的养老方式，能够为老年人提供高质量的养老服务。

此外，让更多群众参与到养老服务的行动中来，能有效增加养老服务供给。据介绍，这家养老服务中心在各村镇招募一定数量的“孝老员”，收到老年人的服务需求后，“孝老员”能第一时间上门服务。借助技术平台，挖掘、动员更多人参与养老服务，并给予其积分等多种形式的奖励，既能让老年人获得更及时的服务，也能为更多有意愿、有能力的人带来收入。

（资料来源：徐阳，《普及智慧养老　更好服务老人》，《人民日报》，2023 年 11 月 23 日）

二、养老机构智慧化的体现

养老机构智慧化主要体现在服务智慧化、管理智慧化、运营智慧化 3 个方面。

（一）养老机构服务智慧化

养老机构服务智慧化是指养老机构提供的服务本身的智慧化，以及提供服务过程的智慧化。就服务本身而言，养老机构服务智慧化主要体现在养老机构利用可穿戴设备、智能家居为老年人提供生活照料服务，保障老年人的生命安全；就提供服务的过程而言，养老机构服务智慧化主要体现在养老机构能及时响应老年人的需求，服务高效、精准，管理科学、高效。例如，养老机构利用可穿戴设备采集老年人的生理信息、运动健康信息、环境位置信息等，并为老年人提供精准的健康监测、生活照料、安全防护等服务；利用智能家居的远程控制、定时开关、自动调节、安全预警等功能，可以使老年人的居住环境更加舒适、安全；利用宠物机器人（见图 1-7）和 3D 虚拟设备，可以拓宽老年人与外界的交流渠道，有助于老年人消除不良情绪；借助电子健康管理系统即时向信息平台传输老年人的身体健康数据，并在远程问诊的基础上提供及时、适当的健康信息指导和建议，能够提高老年人对慢性病的管理能力，增强其安全感。

图 1-7　宠物机器人

（二）养老机构管理智慧化

养老机构管理智慧化的重要标志是养老机构应用了具有服务管理、人事管理、财务管理、后勤管理等功能的智慧养老平台。智慧养老平台能够满足养老机构内部所有部门登记信息、查询信息，以及各部门间的信息交流与共享需求。此外，智慧养老平台还能够将业务数据转换为执行信息，通过信息提醒功能提醒相关人员有关事项。

例如，老年人在入住养老机构期间，养老护理员若收到老年人护理费用不足的信息，便可提醒老年人或其监护人缴费，而不必由财务部门核算后再通知养老护理员；餐饮部门根据人事部门在智慧养老平台上登记的入住养老机构的老年人的信息和养老护理员给出的膳食服务要求，为老年人提供膳食服务，而不必询问护理部相关人员。

（三）养老机构运营智慧化

与传统运营模式相比，养老机构运营智慧化最突出的特点是数据的高效处理与分析。智慧养老平台有强大的数据收集和数据分析能力，不仅能够帮助养老机构进行需求预测和风险预警等，还能够揭示养老机构在运营管理中存在的问题。例如，通过在智慧养老平台上查看从下单到上门服务的时间间隔、老年人身体各项指标的健康状况，在养老机构的网站或 App 上查看老年人及其家属对养老护理员或养老机构的评价信息，养老机构很容易就能发现自身在服务和运营管理中存在的问题。

科技助老

让养老服务更智慧、更贴心

上海市 R 福利院顺应数字化转型趋势，积极打造智慧养老院，不断升级智慧养老平台。经过两年多的实践，R 福利院搭建了集长者服务、运营管理、安全防护、智能监测、安全监管等需求于一体的数字化应用平台。该平台具有智慧门卫、业务接待、智慧护理、智慧医护、智能查房、智慧助餐、安全智能监控、家属探视、出入院管理等功能。下面主要介绍该智慧养老平台的智慧门卫、智能查房和出入院管理功能。

1. 智慧门卫

在 R 福利院的门禁处，杨院长通过人脸识别，快速、方便地进入福利院。她介绍说：“为确保福利院安全，我们开发了智慧门卫系统。作为保安的贴心小帮手，智慧门卫系统上线后，家属在探望老人时，需要先在线上预约，人脸识别通过后，老人就会立即收到家属到院探访的信息。”

2. 智能查房

在四楼居住区 4202 房间，许医生正在为 3 号床的陈老伯做例行检查。检查结束后，许医生打开 App，在上面记录陈老伯的体温、脉搏、血压。许医生说：“如果老人的体温、脉搏等数据异常，需要拍照并实时上传，方便家属查看，避免家属与福利院产生矛盾。”

此外，在该App上还可以查看老人的健康档案、入院记录档案、医嘱等，信息查阅方便快捷。

3．出入院管理

在院部办公室，李主任展示了R福利院App中业务接待模块的6项功能，即预约登记、办理入住、变更约定、合同延长、等级评估、办理离院。她说："如果有老人要求入院，我通过查看App的后台数据，就能知道是否有可以预订的房间；如果老人确定要入住，我会在App中把房间的状态由可预订改为入住；如果老人要更换房间，我会在App中修改老人的房间号。以前办理这些业务都需要在纸上写出相关信息，并让老人或其家属签字确认，办理入住手续需要两个多小时，现在直接在App上操作，老人或其家属过目并签字，半个小时内就能完成。"

李主任还介绍说，如果老人要离院，业务部门需要提出撤床申请，护理部班长进行确认，医生出具出院小结，财务部门进行费用结算，老人或其家属到财务部结账。以前，老人或其家属在办理离院手续时，在不同环节需要找不同的工作人员办理，大概需要40分钟才能办完离院手续，而现在，15分钟就能办完离院手续。

智慧养老管理平台的应用，规范了养老机构的工作流程，提高了养老机构的服务效率，让养老机构的工作人员在服务老人方面能够投入更多的精力。

三、养老机构智慧化的优势

养老机构智慧化的优势主要体现在成本、管理和安全3个方面。

（一）成本优势

虽然实现养老机构智慧化需要投入智慧平台搭建、智能设施设备配置等方面的资金，但是从长期来看，养老机构智慧化能有效降低养老机构的运营成本。例如，智慧养老平台的应用，有效精简了业务流程，优化了人员配置，从而降低了人力成本；智慧养老平台将养老机构的所有部门集中起来，在机构内部实现了信息共享，提高了运营效率，降低了运营成本。

（二）管理优势

养老机构智慧化的一个重要优势是管理流程化、办公自动化。进行全流程线上管理后，各项业务的审核、授权、开始实施、停止、结束等都有电子记录，将这些记录用于养老机构管理控制环节，有利于做到权责分明，奖惩有据。此外，养老机构所有部门实现信息互通共享，可以提高决策的准确性，避免因信息不对称出现决策失误。

（三）安全优势

利用智慧养老平台对重点业务领域进行全天候实时监测和统计分析，可以及时发现养老机构的异常情况，有助于相关人员采取相应的措施来解决问题，提高养老机构的安全保障水

平。利用公共区域的自动检测报警系统、紧急呼叫设备、紧急按钮等实时收集安全信息，及时对老年人的需求进行响应，能够降低照护事故发生的概率。

任务实施

任务描述：

以小组为单位，选择一家养老机构，通过网络查询、电话咨询、实地调研等方式，了解其智慧化转型之路，然后撰写一篇关于该养老机构智慧化转型的报告。

实施要求：

（1）每组 3～5 人，从中选出一名组长，由组长负责本次任务实施的具体分工。

（2）每组选择一所养老机构，然后根据搜集的资料撰写一篇关于该养老机构智慧化转型的报告。报告内容包括但不限于该养老机构使用的智慧化技术手段和智能设备、智慧养老系统的应用情况、应用效果等。

（3）每组选出一人讲解本组撰写的报告，解答其他小组成员提出的问题。教师还可以根据报告的内容设置问题，然后组织学生进行讨论。

学习成果自测

1．填空题

（1）养老机构具有服务内容________、公益________、运营风险大等特点。

（2）______________优先接收经济困难的失能失智、孤寡、残疾、高龄老年人，以及计划生育特殊家庭老年人、为社会做出重要贡献的老年人。

（3）养老机构划分为五个等级，级数越______，表示养老机构的综合能力越强。

（4）____________是指以照顾老年人日常生活起居为基础，为身体或精神上出现障碍的老年人提供的各种援助服务。

（5）养老机构智慧化主要体现在____________、____________、____________3 个方面。

2．选择题

（1）下列关于养老机构的说法正确的是（　　）。

A．养老机构可以不具有独立法人资格

B．养老机构只需满足老年人衣食住行等基本需求

C．民办养老机构都是营利性养老机构

D．集体办养老机构属于公办养老机构

（2）下列关于营利性养老机构的描述错误的是（　　）。

A．以谋求利润为经营目的

B．经营利润可以自由分配

C．床位费实行政府指导价

D．需要缴纳税金

（3）下列关于养老机构等级评定的描述错误的是（　　）。

A．申请等级评定的养老机构自申请前 1 年内无责任事故发生

B．养老机构的等级从低到高依次为五级、四级、三级、二级、一级

C．申请等级评定的养老机构，其养老护理员必须经岗前培训合格后才能上岗

D．养老机构等级评定采用打分制

（4）生活照料服务不包括（　　）。

A．起居照料

B．排泄照料

C．体位转移照料

D．协助医疗

（5）下列关于智慧养老的描述错误的是（　　）。

A．智慧养老依托新一代信息技术

B．智慧养老以智慧为目的

C．智能设备的应用提高了养老服务水平

D．智慧养老更好地满足了老年人的个性化需求

3．简答题

（1）为什么说养老机构的运营风险大？

（2）养老机构等级评定的程序是怎样的？

（3）养老机构的服务内容主要包括哪些？

（4）简述智慧养老的意义。

学习成果评价

进行学习成果评价，并将评价结果填入表 1-4 中。

表 1-4　学习成果评价表

<table>
<tr><td>班级</td><td></td><td>组号</td><td></td><td>日期</td><td></td></tr>
<tr><td>姓名</td><td></td><td>学号</td><td></td><td>指导教师</td><td></td></tr>
<tr><td>项目名称</td><td colspan="5">养老机构概述</td></tr>
<tr><td>评价项目</td><td colspan="2">评价内容</td><td>分值</td><td>自我评分</td><td>教师评分</td></tr>
<tr><td rowspan="5">理论知识（50%）</td><td colspan="2">养老机构的概念和特点</td><td>10</td><td></td><td></td></tr>
<tr><td colspan="2">养老机构的分类和等级</td><td>10</td><td></td><td></td></tr>
<tr><td colspan="2">养老机构的服务对象和服务内容</td><td>10</td><td></td><td></td></tr>
<tr><td colspan="2">智慧养老的概念和意义</td><td>10</td><td></td><td></td></tr>
<tr><td colspan="2">养老机构智慧化的体现和优势</td><td>10</td><td></td><td></td></tr>
<tr><td rowspan="3">实践技能（30%）</td><td colspan="2">能够正确分辨养老机构的类型</td><td>10</td><td></td><td></td></tr>
<tr><td colspan="2">能够根据服务对象的特点为其推荐照护服务项目</td><td>10</td><td></td><td></td></tr>
<tr><td colspan="2">能够合理选用智能产品提高养老机构的运营效率和服务满意度</td><td>10</td><td></td><td></td></tr>
<tr><td rowspan="4">综合素养（20%）</td><td colspan="2">遵守课堂纪律，积极回答问题</td><td>5</td><td></td><td></td></tr>
<tr><td colspan="2">养成细致、专注、严谨的学习态度</td><td>5</td><td></td><td></td></tr>
<tr><td colspan="2">具有服务意识和服务能力</td><td>5</td><td></td><td></td></tr>
<tr><td colspan="2">具有科技创新意识和开拓进取精神</td><td>5</td><td></td><td></td></tr>
<tr><td colspan="3">合　计</td><td>100</td><td></td><td></td></tr>
<tr><td>自我评价</td><td colspan="5"></td></tr>
<tr><td>教师评价</td><td colspan="5"></td></tr>
</table>

项目二
养老机构建设

项目引言

为积极应对人口老龄化，加快推进养老产业发展，我国出台了一系列养老政策。在政策红利的推动下，越来越多的养老机构涌现。然而，建设一所养老机构并非易事，需要从规划、定位、选址、组织结构、人员配置、建筑设计等多个方面综合考虑，以保障养老机构的建设质量和入住老年人的生活质量。

知识目标

- 熟悉养老机构外部环境分析和养老机构的定位。
- 了解养老机构规划的制订和区位的选择。
- 掌握养老机构的设立条件和登记备案。
- 熟悉养老机构的组织结构。
- 了解养老机构岗位设置及人员配备。
- 熟悉养老机构建筑设计的基本原则。
- 了解养老机构用房设计、交通空间设计和智能系统设计。

素质目标

- 通过学习养老机构的战略规划和发展规划，培养规划意识，提升规划能力。
- 通过学习养老机构建筑设计，增强养老服务安全意识。

任务一　养老机构规划

任务导入

别样的养老院

小樊1997年出生在河南省许昌市，为了能够边照顾奶奶边工作，他选择投身养老服务行业。小樊虽然经营着多家养老院，但是也曾为到底该办什么样的养老院迷茫过。

小樊说："有一次，我在跟同事聊天时，用了比较流行的网络用语夸赞某个产品。当时，奶奶正好在旁边，她听了之后问我这个词的意思，我说这个词用来形容某种事物非常好。几天后，奶奶夸赞另一位老人的牌技时也使用了这个网络用语。我就想，老年人能够学会网络用语，他们对年轻人玩的东西应该也比较感兴趣。"

小樊发觉老年人愿意接受新鲜事物后，开始观察、了解老年人的爱好，用镜头记录他们的日常生活，包括老年人打牌、在老年课堂上课、玩电子游戏等。小樊将自己拍摄的老年人的日常生活视频发布到社交平台上后，吸引了上百万网友关注。看到老年人有趣的生活后，众多网友纷纷点赞。有些网友在留言区写道，希望小樊能给未来的他们留张床位。

入住养老院并不是老年人不得已的选择，而是老年人的一种生活方式。养老院不仅要满足老年人在衣、食、住、行方面的物质需求，也要满足他们的心理需求。

（资料来源：王丹妮，《"95后"开的新式养老院"新"在哪儿？》，央视新闻，2023年2月5日）

思考：

（1）养老机构受哪些外部环境的影响？

（2）怎样对养老机构进行定位？

一、养老机构外部环境分析

养老机构的外部环境是指非养老机构所能控制的、影响养老机构经营活动的因素。养老机构的外部环境分析包括政策环境分析、市场环境分析、竞争对手分析。

（一）政策环境分析

建设养老机构前，养老机构经营者需要了解养老领域的法律法规、政策等，重点掌握养老行业的税收政策、补贴政策、用地政策等。近年来，各级政府相继出台了一系列针对养老机构的优惠政策，养老机构经营者密切关注、仔细研究、合理利用这些政策，有利于降低养老机构的成本，提高养老机构的预期收益。

此外，养老机构经营者进行政策环境分析，有利于自身乘着政策的东风促进养老机构发展壮大。例如，自有关部门出台关于促进智慧健康养老产业发展的政策以来，不少养老机构经营者抢先布局并对养老机构进行智慧化转型，其中部分养老机构成功入选智慧健康养老示范企业名单，进而迎来了新的发展机遇。

（二）市场环境分析

养老机构所提供的产品和服务是否有市场及市场的大小，取决于目标客户是否有需求及这种需求的大小。养老机构经营者可根据当地的经济发展数据（如城乡老年人人均可支配收入）和当地的统计局、民政部门发布的老年人口数据与老龄事业发展信息，初步了解当地的养老服务需求情况，并在此基础上进行需求结构分析、产业结构分析、区域结构分析等，以便获取更详细的信息。

（三）竞争对手分析

对竞争对手进行分析，有利于养老机构经营者提前谋划，进而在市场竞争中占据领先地位。分析竞争对手的步骤主要有识别竞争者、研究竞争者所采用的策略、分析竞争者的优势与劣势等。养老机构经营者可从市场定位、营销渠道、服务内容、盈利模式等方面，对竞争对手进行分析。

良性竞争是人类社会进步的重要因素之一，能为市场带来活力。养老机构经营者不应以消极的心态看待竞争，而应时刻保持冷静的头脑，以积极的心态看待竞争，尊重竞争对手，不打压、不诋毁竞争对手，合法、合规地进行竞争，这样才能走得更稳、更远。

二、养老机构的定位

养老机构的定位包括目标客户定位、服务功能定位和价格定位。

（一）目标客户定位

虽然我国的老年人口数量庞大，但是并非每一位老年人都会成为养老机构的客户。养老机构经营者在对目标客户进行定位时，首先要对潜在客户的基本信息和基本需求进行分析。其中，基本信息包括但不限于年龄、性别、家庭收入、婚姻状况、职业背景、入住意愿，需求包括但不限于生活照料需求、膳食服务需求、医疗护理需求、文化娱乐需求。

养老机构的目标客户分为主导型、提升型、跟进型和边缘型 4 种类型。主导型目标客户主要是注重生活品质、收入颇高的老年人，他们购买养老服务的能力最强。提升型目标客户是具有中高等文化水平、收入较高的老年人，他们购买养老服务的能力较强。跟进型目标客户是主导型、提升型目标客户的追随者，文化水平通常较低，收入尚可，有一定的消费能力。

边缘型目标客户通常是文化水平和收入均较低的老年人，因受限于收入水平，他们选择居家养老的可能性较大，消费能力较弱。

养老机构经营者应按照不同的年龄层次、收入水平、消费能力等因素，对老年人群体进行划分，通过细分市场，确定目标客户群。

（二）服务功能定位

根据服务功能的不同，养老机构可分为综合型养老机构和专业型养老机构。其中，综合型养老机构既接收身体健康的老年人，也接收生活不能自理的老年人；既能提供一般的生活照料服务，也能提供医疗护理服务，养老服务设施较为完善。如图 2-1 所示的长沙市雨花区永济老年养护院就是一家综合型养老机构。

图 2-1　长沙市雨花区永济老年养护院

专业型养老机构是针对某类特定的老年人开办的养老机构，包括专门接收生活不能自理的老年人的养老机构和专门接收生活能够自理的老年人的老年公寓。

由于专业型养老机构接收的老年人具有某些共同的特点，因此其岗位设置、人员配置、提供的服务具有鲜明的特点，如专门接收生活不能自理的老年人的养老机构更侧重医疗护理服务。养老机构经营者应根据当地的经济发展水平、目标客户的实际需求、当地人文环境等因素，对养老机构进行服务功能定位，以便更好地提供差异化、个性化的养老服务。

R 老年公寓的转型

患有多种慢性疾病的万爷爷在出院后没有得到专业的照护，病情加重，最终处于半失能状态。于是，家属将他送至重庆市 R 老年公寓。

“老人家，吃饭啦！”养老护理员说着便端来温水，为万爷爷洗脸、洗手，并帮他涂抹润肤霜，之后给他系上围兜，协助他进食。在养老护理员的精心护理下，万爷爷的病情日渐好转。“吃得好、睡得好，住在这里很舒心。”万爷爷对R老年公寓的服务赞不绝口。

像万爷爷这样的失能老年人，以前是很难入住R老年公寓的。“转型前，我们这家老年公寓的服务对象多为自理能力较强的老年人。受限于客观因素，我们老年公寓无法接收大量失能、半失能老年人。当时，民办养老机构数量少，质量参差不齐，导致大家扎堆入住公办养老机构。我们这家公办老年公寓曾在很长一段时间内都存在老年人排队好几年无法获得一个床位的情况。”R老年公寓的负责人说。

为了解决养老机构床位难求的问题，鼓励养老产业发展，重庆市推出了一揽子优惠政策，鼓励民间资本进入养老领域，对新建的民办养老机构给予一次性建设补贴，对符合条件的养老机构每年给予一定数量的运营补贴……在该政策的扶持下，R老年公寓的负责人决定推动老年公寓转型，重新明确公寓的定位。最终，R老年公寓的服务对象由自理老年人转向失能、半失能老年人。

养老机构经营者只有明确养老机构的定位，才能对养老需求进行合理“分流”。谈起转型的原因，R老年公寓的负责人说：“一些民办养老机构经营者基于风险和收益方面的考虑，往往不愿意接收失能、半失能老年人。这就留下了服务空白点。我们是公办性质的养老机构，应该为失能、半失能老年人提供兜底保障。”

（资料来源：王欣悦，《这家公办养老院，不再一床难求》，《人民日报》，2023年6月7日）

（三）价格定位

我国对养老机构的产品和服务实行政府定价与市场定价双轨制，公办养老机构提供的产品和服务由政府指导定价，民办养老机构对其提供的产品和服务可自行定价，但必须接受有关部门监督。影响养老机构价格定位的因素较多，这些因素既包括当地人均可支配收入、商品房销售均价、人口老龄化程度、竞争者的价格档次，也包括目标客户需求特征、服务功能定位、投资成本、运营成本。养老机构经营者应综合考虑内外部因素，对产品和服务的市场价值合理评估，对产品和服务进行科学定价。

三、养老机构规划的制订

养老机构应当制订战略规划和发展规划，以明确发展的方向和经营的目标。

（一）战略规划

养老机构的战略规划是涉及养老机构发展各个重要方面的全局性计划，一般由养老机构的愿景、使命、目标、战略和行动计划等内容组成，用书面文件记载。战略规划也包括作为战略决策基础的外部环境分析、行业经济特点分析、行业变化驱动因素分析、竞争分析、关键成功因素分析等内容。养老机构的战略规划指明了养老机构在较长时期内的发展方向。

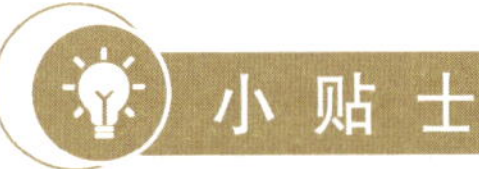

愿景是指养老机构期望的未来景象。养老机构的愿景包括养老机构的价值观、目的，养老机构在未来要实现的目标，对目标实现后的景象的生动描述等，一般不规定具体的实现途径。

（二）发展规划

养老机构的发展规划分为中长期发展规划和短期发展规划。

1. 中长期发展规划

中长期发展规划一般指 5～10 年的发展规划。影响养老服务市场的因素较多，并且养老政策还在持续完善中，因此养老机构宜以 5 年为单位制订中长期发展规划。养老机构制订中长期发展规划，有助于其明确发展目标，并将该目标按年度进行分解。

例如，养老机构要在 5 年之内使利润总额达到 1 000 万元，那么在制订中长期发展规划时，可对该经营目标进行具体分解：第一年获得利润 50 万元，第二年获得利润 100 万元，第三年获得利润 150 万元，第四年获得利润 300 万元，第五年获得利润 400 万元。

此外，养老机构在制订中长期发展规划时，既要明确在规划期内每个年度要实现的目标，也要明确为实现该目标应当采取的措施。

2. 短期发展规划

短期发展规划通常是指 1 年以内的发展规划。短期发展规划可以进一步分解为季度计划、月度计划、周计划。养老机构应根据中长期发展规划制订短期发展规划，并且在制订短期发展规划时，要考虑自身当前的服务力量、财务状况等，确保短期发展规划具有可实施性。制订短期发展规划后，养老机构还应定期监控短期发展规划的执行情况，及时纠正偏差和错误，确保短期发展规划能够顺利实现。

修身笃学

凡事预则立，不预则废。当代青年要树立规划先行意识，以战略眼光审视大势和大局，认清机遇和挑战，准确分析不利条件和有利条件，并在此基础上，根据社会需求和自己的专业特长、兴趣爱好等，做好职业生涯规划，从而更好地实现人生价值。

四、养老机构区位的选择

养老机构的区位选择是指选择养老机构的开办地点。养老机构的区位直接影响老年人在养老机构的生活质量和养老机构的效益。

（一）养老机构区位选择的原则

养老机构的区位选择应符合当地土地利用的总体规划，满足地质安全要求、环保要求、居住质量要求、生活便利要求等。

（1）符合当地土地利用的总体规划。选择养老机构的区位时，需要到当地的规划部门、民政部门了解用地规划情况。根据土地用途，社会福利用地和医卫慈善用地可作为养老机构建设用地，基本农田不可作为养老机构建设用地。民间资本创办的非营利性养老机构和政府创办的养老机构，可以依法使用国有划拨土地或者农民集体所有的土地。

（2）满足地质安全要求。养老机构适合建造在地势平坦、工程地质条件和水文地质条件较好的地方。应避免在自然灾害易发区建造养老机构。

（3）满足环保要求。养老机构与高噪声区域，污染源，易燃易爆危险品生产、储运区域的防护距离，应符合有关安全卫生的规定。养老机构不宜在商业繁华区、公共娱乐场所建造。

（4）满足居住质量要求。养老机构应建造在日照充足、通风良好的地方。我国对养老机构建筑日照时间的要求比普通住宅的要求高。

（5）满足生活便利要求。养老机构应建造在交通便利，以及供电、给排水、通信等市政条件较好的地方，以便利用周边的社会公共服务设施。

（二）影响养老机构区位选择的因素

影响养老机构区位选择的因素主要有资金实力、服务功能定位、建造方式与规模、交通的便利性、自然环境和周边的配套设施。

1. 资金实力

资金实力是指养老机构创办方自身的经济实力，能够体现养老机构获得政府补贴和社会融资的能力。养老机构创办方投入的资金数量直接决定了养老机构的选址范围，投入的资金越多，养老机构的选址范围越大。

2. 服务功能定位

就服务功能定位而言，综合型养老机构适宜建造在市区或者交通便利的郊区，以便为更多的老年人提供服务；专业型养老机构适宜建造在市区，以便利用市区的医疗资源。

3. 建造方式与规模

养老机构的建造方式有新建和改建两种。新建的养老机构通常位于郊区或者经济开发区等地价相对较低、土地规划限制较少的地段，改建的养老机构通常位于市区。通过改建相关机构，整合利用现有的建筑资源，能够有效降低养老机构的建造成本。

根据床位数量不同，养老机构可分为小型、中型、大型、特大型 4 种。受土地面积和资金的限制，在市区一般很难建造大规模的养老机构。

4. 交通的便利性

在需要将老年人紧急送往医院时，便利的交通条件有利于挽救老年人的生命。因此，在进行区位选择时，要考虑到方便老年人就医这一问题。此外，养老机构还应尽可能建造在离

主要道路近、公共交通工具和私家车都能到达的地方，以方便老年人的家属和亲朋好友前来探望。

5. 自然环境

在进行养老机构区位选择时，需要关注选址周边的自然环境，如植被覆盖率、空气清新程度、是否临近水源等，优先选择靠近公园、休闲广场的区位。图 2-2 中的养老机构位于远郊，背靠大山，植被覆盖率高，环境优美。

图 2-2　位于远郊的养老机构

6. 周边的配套设施

进行养老机构区位选择时，应考虑选址周边的配套设施（如医院、超市、活动中心等）的完善程度。市区的养老机构，其周边的配套设施一般比较齐全。在郊区建设养老机构时，应该同步建设生活配套设施，以满足老年人日常生活的需要。

任务实施

任务描述：

通过网络查询、实地调研等方式，撰写一份养老机构创办计划书。

实施要求：

（1）结合某一地区的经济发展水平、人口老龄化程度等，撰写养老机构创办计划书。该计划书的内容应包括对市场环境、政策环境、竞争对手的分析，对目标客户、服务功能、价格的定位，以及区位选择。

（2）独立完成任务实施的内容，严禁抄袭、套作。

（3）每人提交一份养老机构创办计划书，教师选择几名学生上台讲解自己撰写的计划书。

任务二　养老机构设立

任务导入

无证养老机构被取缔关停

近年来，随着人口老龄化进程的加快和养老观念的转变，越来越多的老年人选择机构养老，民办养老机构逐渐多了起来。这些养老机构都合法合规，达到标准了吗？

2022 年 1 月 18 日，湖南省娄底市娄星区某执法机关在安全隐患排查行动中，发现一家养老院没有取得营业执照，未经消防设计审查和验收，也未备案。该养老院的服务场所为一栋占地 150 m^2 的二层自建房屋，活动场地狭小。

据调查，该养老院同时接收了 20 余位老年人，其中包括失能老年人。执法人员了解了入住老年人的详细情况后，逐户通知老年人的家属，说明该非法经营的养老院存在安全隐患，动员家属把老年人接回家安置。对于需要入住养老机构的老年人，执法人员引导老年人及其家属选择合法的养老机构。针对该养老院存在安全隐患、不具备经营资格等问题，娄星区市场监管执法大队和事发地人民政府依据相关法律法规，对该养老院下达了责令停业指令书。

当地民政部门负责人表示，民政部门鼓励和支持社会力量开办养老机构，但是养老机构的开办一定要合法合规，要把安全问题放在首位。取缔关停非法养老机构，也是出于对老年人安全的考虑。

（资料来源：匡芳梅、梅小辉，《娄星区杉山镇多部门联合依法取缔一非法经营养老院》，红网时刻，2022 年 1 月 22 日）

思考：

（1）设立养老机构应符合哪些条件？

（2）设立养老机构的程序有哪些？

（3）养老机构有哪几种类型的组织结构？

一、养老机构的设立条件

养老机构应当依照《中华人民共和国老年人权益保障法》等法律法规和标准规范的规定开展服务活动，并符合下列基本条件：

（1）《中华人民共和国建筑法》《中华人民共和国安全生产法》《中华人民共和国消防法》《无障碍环境建设条例》等法律法规，以及《建筑设计防火规范》（GB 50016—2014）、《老年

人照料设施建筑设计标准》（JGJ 450—2018）等国家标准和行业标准规定的安全生产条件。

（2）民政部发布的《养老机构管理办法》中的有关规定。

（3）提供医疗卫生服务的，应当符合《医疗机构管理条例》《医疗机构管理条例实施细则》等法规规章，以及原国家卫生和计划生育委员会办公厅（现为国家卫生健康委员会）印发的《养老机构医务室基本标准（试行）》和《养老机构护理站基本标准（试行）》的有关规定。

（4）提供餐饮服务的，应当符合《中华人民共和国食品安全法》等法律法规，以及相应食品安全标准中的有关规定。

（5）法律法规规定的其他条件。

二、养老机构的登记备案

养老机构在相关部门办理登记后，还应当按规定向民政部门备案。

（一）登记

设立非营利性养老机构，应当依法办理相应的登记。设立营利性养老机构，应当在市场监督管理部门办理登记。养老机构的类型不同，办理登记的要求也有所不同。

（1）民办养老机构。设立民办非营利性养老机构，应当依照《民办非企业单位登记管理暂行条例》的规定，在服务场所所在县（市、区）社会组织登记管理机关办理民办非企业法人登记。设立民办营利性养老机构，应当在服务场所所在县（市、区）市场监督管理部门办理注册登记。

（2）公办养老机构。设立公办养老机构且符合《事业单位登记管理暂行条例》《事业单位登记管理暂行条例实施细则》规定的，可以在机构编制部门办理事业单位设立登记。

（3）外资养老机构。外国投资者在我国设立养老机构，应当按照养老机构的经营性质依法在相关登记管理机关办理登记。

（二）备案

养老机构应在规定的时间内，向相关民政部门备案，真实、准确、完整地提供备案信息，提交备案材料。

非营利性养老机构办理备案，应当在收住老年人后 10 个工作日内，向登记管理机关同级的人民政府民政部门提出。营利性养老机构办理备案，应当在收住老年人后 10 个工作日内，向服务场所所在地县级人民政府民政部门提出。

养老机构办理备案，应当向民政部门提交备案申请书、养老机构登记证书、承诺书等材料，并对材料的真实性负责。备案申请书应当包括下列内容：

（1）养老机构的基本情况，包括名称、地址、法定代表人或者主要负责人信息等。

（2）服务场所权属。

（3）养老床位数量。

（4）服务设施面积。

（5）联系人和联系方式。

民政部门收到养老机构的备案材料后，对材料齐全的，应当出具备案回执；对材料不齐全的，应当指导养老机构补正。

已经备案的养老机构变更名称、法定代表人或者主要负责人等登记事项，或变更服务场所权属、养老床位数量、服务设施面积等事项的，应当及时向原备案的民政部门办理变更备案。

养老机构在原备案机关辖区内变更服务场所的，应当及时向原备案民政部门办理变更备案。营利性养老机构跨原备案机关辖区变更服务场所的，应当及时向变更后的服务场所所在地县级人民政府民政部门办理备案。

三、养老机构的组织结构

不同组织结构的优缺点

组织结构是指组织内部各组成部分之间的有机联系，其实质是由组织目标决定的组织权力、职位和责任等的分配。养老机构的组织结构主要有以下几种类型。

（一）直线型组织结构

直线型组织结构是一种自上而下、垂直管控的组织结构，如图 2-3 所示。在直线型组织结构中，各级管理人员对其下级拥有直接领导权，组织中的每个成员只能向其直接上级汇报工作。直线型组织结构通常由 3～4 个层级组成，结构简单，权责分明，管控效率高，适合规模小、服务内容单一、入住老年人不多的养老机构。

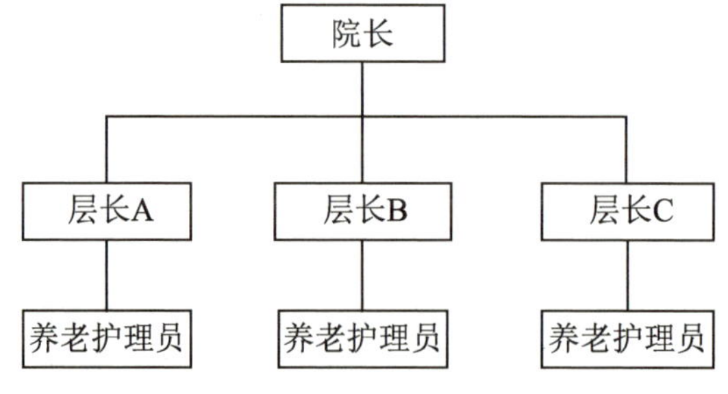

图 2-3　直线型组织结构

（二）直线职能型组织结构

直线职能型组织结构以直线型组织结构为基础，既设有直线管理人员，又在各直线管理人员之下设置了相应的职能部门。直线管理人员和职能部门的职能管理人员分别从事职责范围内的工作，如图 2-4 所示。在直线职能型组织结构中，直线管理人员拥有对下级的指挥和命令权，承担着实现所管理部门业务目标的任务，职能管理人员只能起参谋作用，可以对其所管理的部门进行业务指导，提出建议，但是不具有独立决策权。

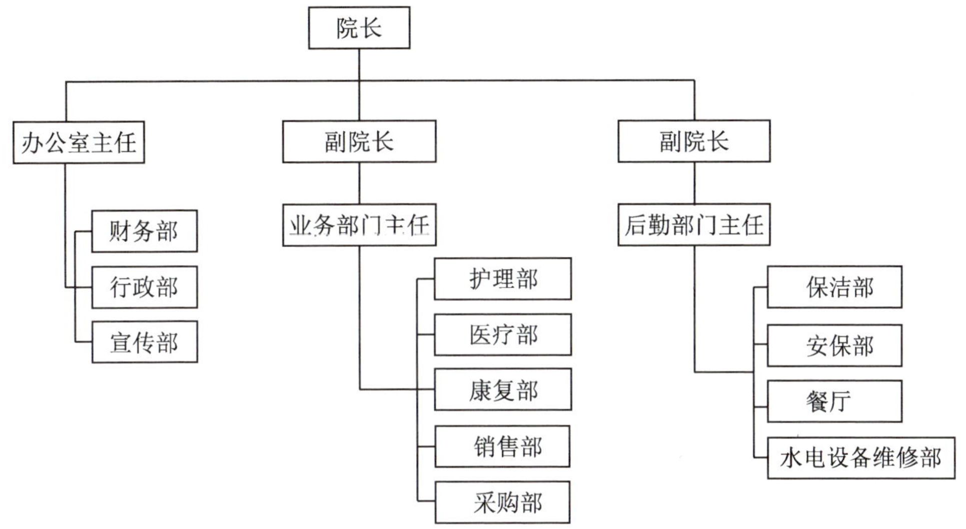

图 2-4 直线职能型组织结构

直线职能型组织结构的主要优点是既保证了整个组织行动的统一，又发挥了职能管理人员的作用，能够减少决策失误。直线职能型组织结构的主要缺点是各职能部门在面临同一个问题时，通常会从本部门利益出发，容易出现意见不一致的问题，从而加大了上级管理者管理的难度。

（三）事业部型组织结构

事业部型组织结构是指通过在集团或总公司的下面设立独立经营的事业部来进行管理的一种组织结构，如图 2-5 所示。这些事业部分别为独立的业务单元，可以有自己的财务、行政、销售等职能部门，但是不具有独立的法人资质。事业部型组织结构适用于规模比较大、采用多种经营模式、业务种类比较多的养老机构。大型集团公司通常根据地域或服务对象的不同来设置事业部。

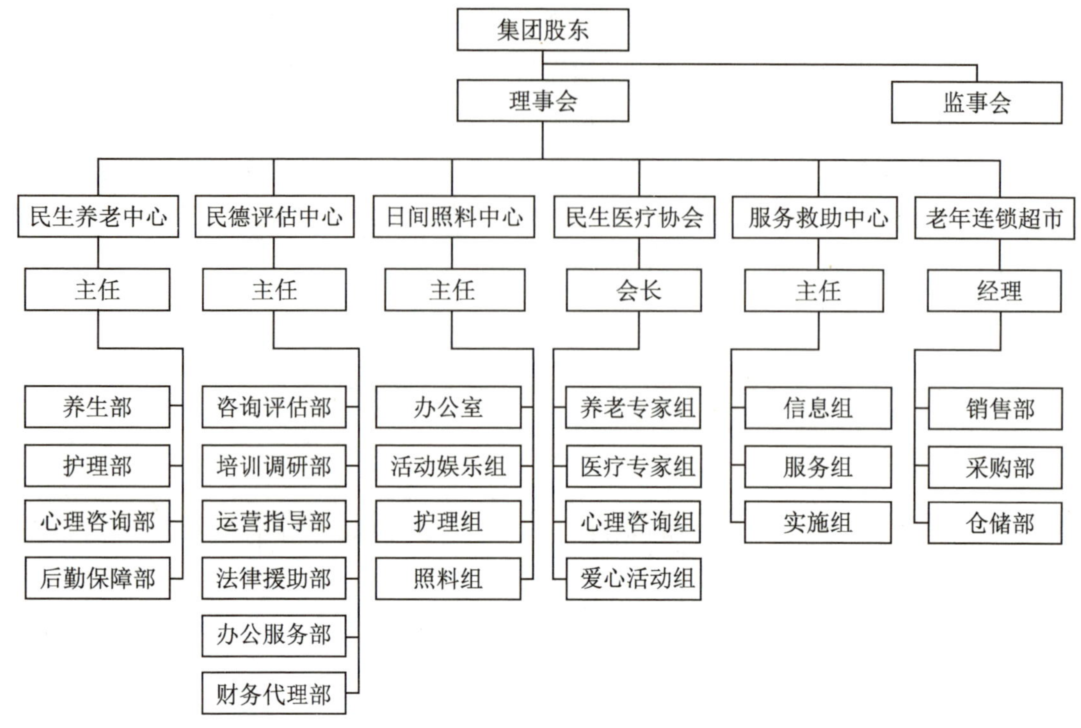

图 2-5　事业部型组织结构

课堂互动

2～3 人一组，讨论直线型组织结构、直线职能型组织结构、事业部型组织结构的优点、缺点和适用场合。教师随机选择几名学生，让其分享讨论结果。

四、养老机构岗位设置及人员配备

《养老机构岗位设置及人员配备规范》（MZ/T 187—2021）规定了养老机构岗位设置及人员配备的基本要求与岗位设置、人员配备的特殊要求。

（一）岗位设置及人员配备的基本要求

养老机构岗位设置及人员配备的基本要求如下：

（1）养老机构应根据其规模大小和功能定位，科学设置内部机构及岗位，明确工作责任。

（2）养老机构应根据入住老年人的人数、能力和服务质量要求，结合服务需求合理配备管理、专业技术和工勤技能人员，相应岗位人员应定期参加业务培训。

（3）养老机构应建立有关岗位设置及人员配备的管理制度并有效实施，该制度包括但不限于岗位职责说明书与任职条件、人员聘用制度、教育与培训制度、薪酬与福利制度、绩效考核制度、人事合同与档案制度。

（4）养老机构所有提供生活照料服务、膳食服务、医疗护理等服务的人员均应持有与其岗位要求相适应的健康证明。

（5）养老机构宜设立负责岗位设置及人员配备管理的部门。

（二）岗位设置的特殊要求

养老机构应根据行业特点设置管理岗位、专业技术岗位和工勤技能岗位等。养老机构岗位设置的特殊要求如表 2-1 所示。

表 2-1　养老机构岗位设置的特殊要求

岗位类型	特殊要求
管理岗位	承担领导职责或管理任务，包括但不限于养老机构的院长、副院长和内设部门负责人岗位
专业技术岗位	承担专业技术工作职责，包括但不限于医疗、护理、康复、社会工作和健康管理岗位
工勤技能岗位	承担技能操作和维护、后勤保障、服务等职责，包括但不限于养老护理、维修维护、保洁绿化、特种作业、消防设施操作、信息管理、档案管理、接待管理、会计、出纳、厨师、门卫和洗涤岗位

（三）人员配备的特殊要求

养老机构人员配备的特殊要求如表 2-2 所示。

表 2-2　养老机构人员配备的特殊要求

岗位类型	特殊要求
管理岗位	① 管理岗位人员的数量应根据养老机构规模、服务对象、老年人能力状况、养老机构的功能定位等进行配备，以满足运营管理的需要 ② 养老机构应配备专职院长或副院长。院长、副院长的文化程度应符合《养老机构等级划分与评定》（GB/T 37276—2018）的相关要求，具有养老服务专业知识 ③ 养老机构内设的部门负责人应具有相关资质及专业知识技能
专业技术岗位	① 专业技术岗位人员的数量应满足专业技术服务工作开展的需要 ② 内设医疗机构的养老机构宜配备专职医师、护士、护师、康复医师、康复治疗师等专业技术人员，人员配备比例应符合医疗机构设置的有关要求 ③ 专业技术人员应持有与岗位相适应的有效专业资格证书或执业证书，社会工作者、健康管理师应取得相应的职业资格证书 ④ 养老机构应按每 200 名老年人（不足 200 名的按 200 名计算）配备 1 名社会工作者的标准配备社会工作者 ⑤ 养老机构宜配备专职或兼职健康管理师
工勤技能岗位	① 工勤技能岗位人员的数量应根据养老机构规模、老年人能力状况、入住老年人人数、服务需求、养老机构的功能定位等合理配备，以满足后勤保障和服务工作开展的要求 ② 养老机构应按照实际入住老年人的数量配备提供直接护理服务的专职养老护理员，配备比例应不低于以下标准：完全自理老年人 1∶15～1∶20；半自理老年人 1∶8～1∶12；完全不能自理老年人 1∶3～1∶5 ③ 养老护理员经培训合格后才能上岗 ④ 特种作业人员、消防设施操作人员和会计等应具备相应的上岗资质

任务实施

任务描述：

了解自己所在地区养老机构的登记备案政策并绘制本地区养老机构登记备案流程图。

实施要求：

（1）在本地民政局、市场监督管理局等政府部门网站上查询并了解本地区养老机构的登记备案政策和流程，然后绘制养老机构登记备案流程图。

（2）独立完成任务实施的内容，严禁抄袭。

（3）每人提交一张流程图，教师选择几名学生，让其在课堂上讲解自己绘制的流程图。

任务三　养老机构设计

任务导入

M 养护院设计案例

M 养护院是一所民办的医养结合养老机构，以高龄自理老年人、半失能老年人、完全失能老年人为主要收住对象，并采用了分区入住及单元式照护模式。M 养护院的一层为高龄自理单元，二层为半失能介助单元，三层为完全失能介护单元。

采用分区入住及单元式照护模式的好处很多。例如，每个照护单元入住的人员较少，为养老护理员间的相互协作和养老护理员与入住老年人深入沟通交流提供了便利条件，方便养老护理员及时回应老年人的诉求；各照护单元具有相对私密性，入住老年人的隐私能够得到保护；有利于满足老年人的社交需求。

为了更好地满足老年人的多元化生活需求，M 养护院的每个单元都设有多种房型。例如，高龄自理老年人自理能力较强，对居住空间的品质有一定要求，因此 M 养护院的高龄自理单元设有单人间、小套间等房型。M 养护院还注重颜色的应用，供老年人入住的居室、房门统一使用了深色，并留有观察口，方便老年人找到自己的房间。走廊里设有双层扶手，方便老年人在走廊里活动。

此外，M 养护院开辟出宽敞的公共活动区，老年人可在该区域进行绘画、下棋等活动。M 养护院还将老年人的优秀画作挂在公共活动区的墙面上，不仅为公共活动区增添了文化气息，也使老年人的居住环境更加温馨。

思考：

（1）进行养老机构建筑设计时，应遵循哪些原则？

（2）养老机构用房设计和交通空间设计应符合哪些规定？

一、养老机构建筑设计的基本原则

在进行养老机构建筑设计时，养老机构不仅要考虑建筑的使用功能，也要考虑老年人的行为特征、心理需求等方面的因素，坚持安全原则、人性化原则、无障碍原则。

（一）安全原则

老年人患病、意外受伤的可能性比年轻人大很多，后果也比年轻人严重，因此在进行养老机构建筑设计时，养老机构要将保障老年人的人身安全放在首位。例如，选用合理、科学的建筑结构和绿色、健康的建筑材料，以保证建筑的安全性；选用防滑、耐磨的地面材料，在设计和施工过程中尽量避免建筑出现尖锐的棱角，以降低老年人受伤的概率；建筑内应配备符合国家标准的电气设备和消防设备。

（二）人性化原则

在进行养老机构建筑设计时，养老机构应充分考虑老年人的生理、心理特点和精神需求，将适老化的理念贯穿整个设计过程，满足老年人在物质、健康、日常生活和精神生活方面的需求，注重保护老年人的隐私，以体现对老年人的人文关怀。例如，在卧室通往卫生间的通道内设置起夜灯，并且采用光感控制；确保洗漱台的下方有足够的空间，为坐轮椅的老年人洗漱提供方便。

小贴士

老年人久病卧床，更容易产生消极情绪。为了使老年人能够感到轻松、愉悦，养老机构的居室宜使用相对温馨、柔和的色彩装饰。

（三）无障碍原则

无障碍原则要求消除建筑及环境中的障碍，保障通行设施（如出入口、走廊等）、服务设施（如卫生间、电梯等）和信息交流设施运转正常、性能良好。例如，养老机构内引导标志的字体和色彩，应方便老年人辨识；老年人使用的空间、地面不可避免地出现高度差时，须设轮椅坡道，必要时同时设置无障碍台阶；养老机构的卫生间内应设置扶手（见图 2-6），方便老年人如厕后起身。

图 2-6　卫生间内设有扶手

二、养老机构用房设计

养老机构一般设有老年人用房和管理服务用房。下面介绍老年人用房设计和管理服务用房设计。

养老机构用房设计案例

（一）老年人用房设计

老年人用房是指在老年人照料设施中，供老年人使用的房屋，包括生活用房、文化娱乐与健身用房、康复与医疗服务用房。

1．生活用房设计

生活用房是为满足老年人居住、就餐等基本生活需求，以及为其提供生活照料服务而设置的房屋。在老年人全日照料设施中，为护理型床位设置的生活用房应按照料单元设计，为非护理型床位（见图 2-7）设置的生活用房宜按生活单元设计。

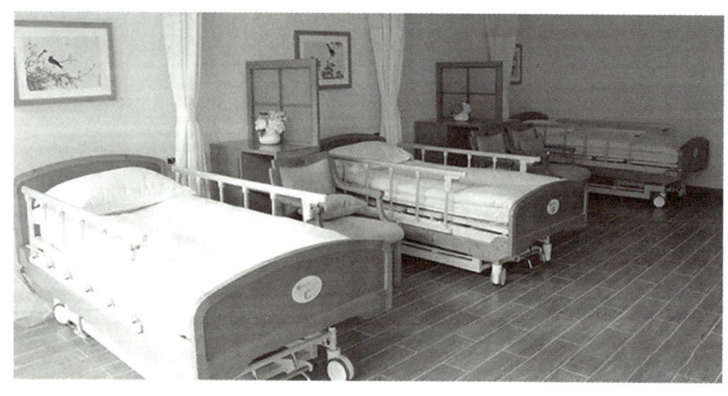

图 2-7　非护理型床位

小贴士

老年人全日照料设施是指为老年人提供住宿、生活照料服务及其他服务项目的设施，是养老院、老人院、福利院、敬老院、老年养护院等的统称。

照料单元是指主要为一定数量护理型床位设置的相对独立的生活空间组团，包括居室、单元起居厅等，有照护人员为该区域内的老年人提供生活照料服务及护理服务。生活单元是指主要为一定数量非护理型床位设置的生活空间组团，包括居室、卫生间等，供老年人相对自主、独立地生活。

其中，按生活单元设计时，应设居室、就餐空间、卫生间、盥洗室、浴室、厨房等用房或空间。下面简要介绍这几种空间的设计方法。

（1）居室

居室是老年人居住的房间。为满足老年人的健康和卫生需求，居室需要具备天然采光和自然通风条件，日照标准不应低于冬至日日照时长 2 h。若达不到日照标准，则应保证同一照料单元内的单元起居厅日照标准不低于冬至日日照时长 2 h，或者同一生活单元内至少 1 个居住空间日照标准不低于冬至日日照时长 2 h。

此外，居室设计还应符合下列规定：

1）每间居室应按不小于 6 m^2/床确定使用面积。单人间居室使用面积不应小于 10 m^2，双人间居室使用面积不应小于 16 m^2。

2）护理型床位的多人间居室，床位数不应大于 6 张；非护理型床位的多人间居室，床位数不应大于 4 张。为保护个人隐私，床与床之间应有分隔空间的设施。

3）居室的净高不宜低于 2.4 m。若居室利用了坡屋顶空间，则坡屋顶最低处距地面净高不应小于 2.1 m，且高度小于 2.4 m 的部分的面积不应大于室内使用面积的 1/3。

4）居室内应留有轮椅回转空间，主要通道的净宽不应小于 1.05 m，床边应留有护理、急救操作空间，相邻床位的长边间距不应小于 0.8 m。

5）居室门窗应采取安全防护措施及方便老年人辨识的措施。

（2）卫生间、盥洗室和浴室

护理型床位所在居室内应设卫生间，卫生间内应设能满足老年人盥洗、便溺需求的设施，可设洗浴设施等。非护理型床位所在居室内宜设卫生间。一般情况下，居室内的卫生间应符合以下条件：① 当设盥洗、便溺、洗浴设施时，应留有助洁、助厕、助浴等操作空间；② 应有良好的通风换气措施；③ 与相邻房间的室内地坪不宜有高差，当不可避免出现高差时，高差不应大于 15 mm，且应以斜坡过渡。

照料单元内应设公用卫生间，公用卫生间应设置在单元起居厅或老年人集中使用的餐厅附近。公用卫生间内坐便器的数量应按所服务的老年人的床位数测算（居室内设卫生间的，该居室内的床位数可不计算在内），每 6～8 张床设 1 个坐便器。每个公用卫生间内设 1～2 个盥洗盆或盥洗槽水龙头，至少设 1 个供坐轮椅的老年人使用的无障碍厕位，或设无障碍卫生间。

当居室内未设盥洗设施时，应在其他合适位置集中设置盥洗室。盥洗室内盥洗盆或盥洗槽的数量应按所服务的老年人的床位数测算，每 6～8 张床设一个盥洗盆或盥洗槽。盥洗室与最远居室的距离不应大于 20 m。

当居室内未设洗浴设施时，应在其他合适位置集中设置浴室。浴位数量应按所服务的老年人的床位数测算，每 8～12 张床设 1 个浴位。其中，坐轮椅的老年人的专用浴位不应少于浴位总数的 30%，且不应少于 1 个。浴室内应配备助浴设施，并留有助浴空间。浴室内应附设无障碍厕位、无障碍盥洗盆或盥洗槽，并附设更衣空间。

（3）餐厅

老年人集中使用的餐厅应符合下列规定：

1）在老年人全日照料设施中，护理型床位照料单元的餐厅座位数应按不低于所服务床位数的 40%配置，每个座位的使用面积不应小于 4 m^2；非护理型床位的餐厅座位数应按不低于所服务床位数的 70%配置，每个座位的使用面积不应小于 2.5 m^2。在老年人日间照料设施中，餐厅座位数应按所服务人数配置，确保每位服务对象都有座位，并且每个座位的使用面积不应小于 2.5 m^2。

2）单人座椅应可移动且牢固稳定，餐桌应便于坐轮椅的老年人使用。

3）餐厅空间布置应能满足餐车进出、送餐到位的需要，并应为养老护理员留有分餐、助餐空间。

4）当单元起居厅兼作老年人集中使用的餐厅时，该单元起居厅应同时符合单元起居厅与餐厅的设计规定。

2．文化娱乐与健身用房设计

文化娱乐与健身用房是为满足老年人文化娱乐、健身活动需求而设置的房屋，包括阅览室、棋牌室、书画室、健身房等。文化娱乐与健身用房的设计应符合下列规定：

（1）文化娱乐与健身用房总使用面积不应小于每张床 2 m^2。

（2）文化娱乐与健身用房应避免对老年人居室、休息室产生干扰。

（3）大型文化娱乐与健身用房宜设置在建筑首层，地面应平整，且应设置公用卫生间及储藏间。

（4）寒冷、多风沙、多雾霾地区的养老机构宜设置阳光厅，湿热、多雨地区的养老机构宜设置风雨廊。

3．康复与医疗服务用房设计

康复与医疗服务用房是为老年人提供康复服务和医疗服务而设置的房屋。康复与医疗服务用房的设计应符合下列规定：

（1）医务室使用面积不应小于 10 m^2，且应有较好的天然采光和自然通风条件。医务室的空间形式应满足开展基本医疗服务与救治的需要。

（2）康复用房除应符合国家现行有关标准的规定外，还应符合如下规定：① 室内地面平整，表面材料具有防护性，房间平面布局能满足不同康复设施的使用要求；② 宜附设盥洗盆或盥洗槽。

（3）医疗服务用房应符合国家现行有关标准的规定。

（二）管理服务用房设计

管理服务用房包括值班、接待、开会、档案存放等的管理用房，厨房、洗衣房、储藏室等后勤服务用房，员工休息室、卫生间、浴室、食堂等用房。管理服务用房的设计应符合下列规定：

（1）为老年人提供入住登记、接待等服务的部门，其用房应设在显眼的位置，并设置醒目的标志。

（2）办公管理用房应具备电子办公设备安装、使用及维护的条件。

（3）厨房应满足卫生防疫的有关要求，且应避免对老年人用房产生干扰。

（4）洗衣房应按照洁污分区要求进行设计，并应满足洗衣、消毒、叠衣、存放的需求；墙面、地面应易于清洁，不渗漏；宜附设晾晒场地。

三、养老机构交通空间设计

老年人空间识别能力会随着年龄增长而降低。为避免老年人迷失方向，养老机构的交通空间设计应能够为老年人提供相应的环境支持。老年人使用的交通空间应符合下列设计要求：

（1）交通空间应清晰、明确、易于识别，且有规范、系统的提示标识，线路组织应便捷、连贯。

（2）宜采用平坡出入口，平坡出入口处的地面坡度不应大于1∶20，有条件时不宜大于1∶30；出入口处严禁采用旋转门；出入口处的地面、台阶、踏步、坡道等均应用防滑材料铺装，应有防止积水的措施，寒冷地区宜采取防结冰措施；出入口附近应设助行器和轮椅停放区。

（3）走廊净宽不应小于1.8 m，建设确有困难时，不应小于1.4 m。

（4）在二层及以上楼层、地下室、半地下室设置老年人用房时，应同时设置无障碍电梯，且至少有1部电梯能容纳担架。

（5）电梯应作为楼层间供老年人使用的主要垂直交通工具，电梯的数量应根据设施类型、层数、每层面积、设计床位的数量或老年人的数量、用房功能与规模、电梯主要技术参数等因素确定，每部电梯服务的床位数不应大于120张。电梯的位置应明显易找，宜结合老年人用房和建筑出入口位置均衡设置。

（6）严禁将弧形楼梯和螺旋形楼梯（见图2-8）作为老年人使用的楼梯。梯段净宽不应小于1.2 m，踏步应均匀一致，楼梯缓步平台内不应设置踏步；踏步前缘不应突出，踏面下方不应透空；应采用防滑材料装饰踏面，踏步上的防滑条、警示条等附着物均不应高于踏面。

图 2-8　螺旋形楼梯

同步案例

重庆市壁山区 H 敬老院升级改造

“你这步棋可把我难住了……”在重庆市壁山区 H 敬老院活动室内，安爷爷和另一位爷爷正在棋盘上“厮杀”。截至 2021 年，安爷爷入住 H 敬老院已经 4 年了。

“改造之后，敬老院的地面铺设了防滑地砖，屋内装有电视、空调等设备，每栋楼里也安装了电梯，小院内还设有太极轮、漫步机等健身器械，感觉我的‘家’更加舒适了。”谈及在 H 敬老院的生活，安爷爷满意地说。

其实在改造之前，H 敬老院的居住条件比较差，楼栋内没有电梯，居室内也没有空调、电视。H 敬老院如今舒适的居住环境，不仅得益于壁山区政府出台的《重庆市壁山区敬老院达标升级建设及规范管理实施办法》，还得益于政府的资金支持。政府累计投入 5 000 余万元，逐步对壁山区 16 所镇街敬老院实施达标升级改造，配齐了各类基础设施设备，提升了老年人居住的安全性和便利性。

具体而言，在政府的扶持下，16 所敬老院加装了电梯，并且通过增加适老辅具等进行适老化改造，方便了失能和半失能老年人出行；完成了消防安全整改，配齐了各类消防设施；在敬老院内安装高清视频监控设备，实现了公共场所 24 h 监控全覆盖，并为每个房间配备了应急呼叫设备。

对敬老院进行升级改造，不仅规范了敬老院的管理，也增强了老年人的安全感，为老年人营造了安全、舒适的生活环境。

（资料来源：王锋，《壁山：敬老院升级改造　为老人打造幸福之家》，华龙网，2021 年 1 月 25 日）

四、养老机构智能系统设计

养老机构的智能系统包括信息设施系统、公共安全系统、温度监测及调控系统、照护及健康管理平台等。

（一）信息设施系统

养老机构应配置有线电视、电话、信息网络等信息设施系统。老年人居室、单元起居厅、餐厅、文化娱乐与健身用房、康复与医疗用房内应设有线电视、电话及信息网络插座。养老机构宜设无线局域网络全覆盖设施。

（二）公共安全系统

养老机构应在室内和室外活动场所设视频安防监控系统，在各出入口、走廊、单元起居厅、餐厅、文化娱乐与健身用房，以及各楼层的电梯厅、楼梯间、电梯轿厢等场所设安全监控设施；宜在建筑首层设入侵报警装置；宜在失智老年人的照料单元设门禁系统；应在老年人居室、单元起居室、餐厅、卫生间、浴室、盥洗室、文化娱乐与健身用房、康复与医疗用房内设紧急呼叫装置（见图 2-9）。紧急呼叫装置应使用 50 V 及以下安全电压，且应安装在老年人容易触及的地方。紧急呼叫信号应能传输至相应护理站或值班室。

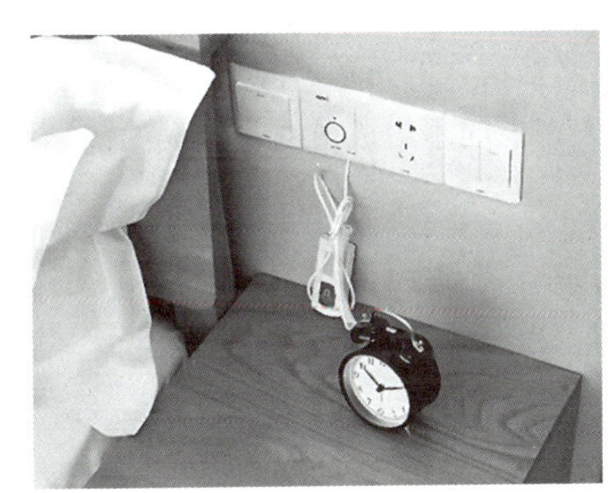

图 2-9　紧急呼叫装置

（三）温度监测及调控系统

养老机构宜在老年人居室、单元起居室、餐厅、卫生间、浴室、盥洗室、文化娱乐与健身用房、康复与医疗用房设温度监测及调控系统，并宜在各用房内单独调控温度。

（四）照护及健康管理平台

养老机构的照护及健康管理平台应符合下列规定：

（1）具有对老年人的健康数据进行采集、分析和管理功能。

（2）宜在室内及室外活动场所设活动监护及无线定位报警系统。

（3）应在特殊照料人群（如失智老年人）所在空间设防走失装置。

（4）宜为老年人与其家人及时传递信息提供便利。

修身笃学

宁可千日不松无事，不可一日不防酿祸。养老护理员应贯彻“生命至上、安全第一”理念，用心、用情守护“夕阳红”，不可疏忽大意。

任务实施

任务描述：

将学生分成两组，其中一组当擂主，另一组就养老机构建筑设计的基本原则、养老机构用房设计、交通空间设计和智能系统设计中的问题向擂主提问，擂主必须在 30 秒内回答。如果擂主回答错误或者未在规定的时间内做出回答，则由提问的小组当擂主。

擂主每答对 1 题得 1 分，答错不计分。若连续答错超过 2 题，则丧失本轮当擂主的资格。累计得分最高的一组获胜。

实施要求：

（1）每组选出 1 名计分员，由其负责记录小组的得分情况。

（2）每组选出 1 名小组负责人，由其组织组员学习有关养老机构设计的内容和出题，并且在活动过程中记录本组成员回答错误的问题。

（3）组员根据小组负责人记录的本组成员回答错误的问题，查找正确答案。

学习成果自测

1. 填空题

（1）养老机构的外部环境分析包括______________、______________、竞争对手分析。

（2）根据服务功能的不同，养老机构可分为综合型养老机构和____________。

（3）养老机构在相关部门办理__________后，还应当按规定向民政部门__________。

（4）____________原则要求消除建筑及环境中的障碍，保障通行设施、服务设施和信息交流设施运转正常、性能良好。

（5）____________是为满足老年人居住、就餐等基本生活需求，以及为其提供生活照料服务而设置的房屋。

2. 选择题

（1）养老机构的主导型目标客户主要是（　　）。

A．具有中高等文化水平、收入较高的老年人

B．注重生活品质、收入颇高的老年人

C．文化水平较低、收入尚可的老年人

D．文化水平和收入均较低的老年人

（2）下列关于养老机构规划的说法错误的是（　　）。

A．战略规划指明了养老机构在较长时期内的发展方向

B．战略规划是涉及养老机构发展各个重要方面的全局性计划

C．养老机构宜以 10～15 年为单位进行中长期规划

D．短期规划通常是指 1 年以内的规划

（3）下列关于养老机构区位选择的说法错误的是（　　）。

A．养老机构应尽可能设在商业繁华区

B．养老机构的区位选择应符合土地利用总体规划

C．养老机构的定位影响着养老机构的区位选择

D．养老机构应建造在交通便利、市政条件较好的地方

（4）设立民办营利性养老机构应当在（　　）办理注册登记。

A．服务场所所在县（市、区）社会组织登记管理机关

B．机构编制部门

C．服务场所所在县（市、区）市场监督管理部门

D．服务场所所在县（市、区）人民政府民政部门

（5）下列关于养老机构组织结构的说法正确的是（　　）。

A．直线职能型组织结构是一种自上而下、垂直管控的组织结构

B．事业部型组织结构适用于规模比较大、采用多种经营模式、业务种类比较多的养老机构

C．直线型组织结构适用于规模较大的养老机构

D．事业部型组织结构的特点是在最高领导层的下面设立横向职能管理部门，由其协助最高领导层进行管理

3．简答题

（1）养老机构的定位包括哪些？

（2）影响养老机构区位选择的因素有哪些？

（3）养老机构的组织结构有哪几种？

（4）简述养老机构建筑设计的基本原则。

学习成果评价

进行学习成果评价，并将评价结果填入表 2-3 中。

表 2-3 学习成果评价表

班级		组号		日期	
姓名		学号		指导教师	
项目名称	养老机构建设				
评价项目	评价内容		分值	自我评分	教师评分
理论知识（40%）	养老机构外部环境分析和养老机构定位		7		
	养老机构规划的制订和区位的选择		5		
	养老机构的设立条件和登记备案		6		
	养老机构的组织结构		7		
	养老机构岗位设置及人员配备		5		
	养老机构建筑设计的基本原则		5		
	养老机构用房设计、交通空间设计和智能系统设计		5		
实践技能（40%）	初步具备对养老机构进行规划的能力		10		
	能够辨别养老机构的组织结构		10		
	明确养老机构不同岗位的要求		10		
	具备优化养老机构建筑设计与布局的能力		10		
综合素养（20%）	遵守课堂纪律，积极回答问题		5		
	养成细致、专注、严谨的学习态度		5		
	具有规划意识和规划能力		5		
	具有养老服务安全意识		5		
合 计			100		
自我评价					
教师评价					

项目三 养老机构营销运营

项目引言

近年来，在某些地区，有些养老机构的床位闲置过半，有些养老机构却出现“一床难求”的状况，闲置床位过半的养老机构不禁发出“酒香也怕巷子深”的感慨。时代在变化，养老机构的营销运营也需要紧跟时代步伐。为了保持市场占有率，养老机构应将传统营销和新媒体营销结合起来，取长补短，拓宽销售渠道。

知识目标

- 熟悉营销策划的内容和分类。
- 掌握营销策略的选择和营销方式的选择。
- 熟悉销售渠道的概念和分类。
- 熟悉销售渠道的开发和运营。
- 了解新媒体的分类和新媒体运营的优势与内容。
- 了解网站运营、App 运营和微信公众号运营。

素质目标

- 通过学习营销策划的内容，弘扬客户至上的服务精神。
- 通过学习新媒体内容运营的相关知识，树立实事求是的营销观念。

任务一　认识养老机构营销策划

任务导入

“试住体验官”试出养老生活新“向往”

L 家园是浙江省首批四星级养老机构之一，环境优美，空气清新。一天，李奶奶和闺蜜一起来到 L 家园，参加其举办的免费试住活动。“试住活动是一项惠民、利民的举措，给了我们了解养老院里的生活的机会。”李奶奶说。

入住前，工作人员为老人们进行了老年人能力评估，根据不同的评估结果，L 家园为每位老人配备了照护人员，并且提供了营养饮食。入住期间，L 家园的工作人员还安排了唱歌、看电影、做美食、绘画等主题活动，这些活动深受老年人喜爱。

“我的入住体验感很好。如果养老院能提供短期的入住服务，方便老年人结伴旅居就更好了。”试住后，李奶奶向 L 家园的张院长表达了自己的观点。

张院长说：“在这次试住活动中，我们收集了老年人对养老服务的需求，这对我们进一步拓展业务大有裨益。像李奶奶这样结伴入住的还有好几组，针对这些老年人短期旅居的需求，本院推出旅居式养老服务套餐，安排老年人入住本集团分布在杭州、绍兴等地的养老机构。”

“旅居式养老套餐是养老机构为长者定制的养老旅游服务。与普通出游入住宾馆不同，旅居式养老套餐为老年人在旅游期间入住现代化的养老机构提供了便利。这类养老机构不仅提供生活照料服务、医疗护理服务、康复服务等，还会组织老年人到周边的风景区游玩，引导老年人劳逸结合。”张院长解释说。

（资料来源：夏梦，《三天二夜免费试住！养老院“试住体验官”试出养老生活新“向往”》，《温州都市报》，2022 年 9 月 9 日）

思考：

（1）营销策划包括哪些内容？

（2）L 家园采用了哪种营销策略和营销方式？

一、营销策划的内容

营销策划是对营销活动的总体设计与安排，其目的是使营销活动有计划、有步骤地进行。营销策划的内容包括分析当前的营销环境，分析机会与威胁、优势与劣势，明确营销策划目标，制定营销策略，设计营销策划方案，做好预算规划和把控营销过程。

（一）分析当前的营销环境

可从宏观环境、产品与服务、销售等方面入手，对养老机构当前的营销环境进行分析。具体来说，应对影响养老机构发展的政治法律环境、经济环境、人文环境、自然环境、科学技术环境、养老产业发展状况等进行分析。例如，分析养老政策、人口结构、智慧养老新技术、养老市场的规模和增长速度等；分析近几年养老行业的主要产品与服务的销售价格、销售量、利润率等数据；分析养老机构的销售渠道和市场份额，通过相关数据的变化了解客户的消费理念、消费水平、消费需求、购买行为的发展趋势。

（二）分析机会与威胁、优势与劣势

明确养老机构当前的营销状况后，还需要对养老机构所面临的机会与威胁和养老机构的优势与劣势进行分析。机会与威胁、优势与劣势的表现方面如表 3-1 所示。

表 3-1　机会与威胁、优势与劣势的表现方面

项目	表现方面
机会	新技术问世、利好政策出台、市场壁垒解除、竞争对手失误、发掘未被满足的市场需求等
威胁	大量竞争对手、政策缩紧、消费需求发生变化、突发事件造成不良影响等
优势	充足的资金、先进的技术、强大的服务团队、较大的市场份额、良好的企业形象、较低的经营成本等
劣势	资金短缺、技术落后、服务团队整体水平较低、管理混乱、经营成本较高、市场开发能力不强等

（三）明确营销策划目标

营销策划目标包括财务目标和营销目标。用于衡量财务目标的指标包括投资收益率、利润额、现金流量等，用于衡量营销目标的指标包括销售量、销售额、市场占有率、分销网覆盖面等。

（四）制定营销策略

在制定营销策略时，营销经理应与养老机构有关部门负责人进行协商，以保证营销策略的可实施性。营销策略包括以下几个方面的内容：

（1）价格。例如，养老机构参照市场价格，将本机构的服务价格定得略低于竞争对手的服务价格。

（2）分销。例如，养老机构与医疗机构、商业保险公司进行合作，推广本机构的产品与服务。

（3）广告。例如，养老机构增加广告预算，加大宣传力度，以提升品牌形象。

（4）产品与服务。例如，养老机构提供完善的硬件设施，为老年人制定科学的营养食谱。

（五）设计营销策划方案

制定好营销策略后，应采取实地考察、调研等方式确定活动地点、时间、主题、形式和内容等，然后结合营销预算，设计具体的营销策划方案。营销策划方案包括下列内容：

（1）活动地点。提供详细、准确的活动地址，活动地址尽可能精确到门牌号，并确保场地可用。

（2）活动时间。营销活动宜在节假日开展，并且应将活动时间精确到分钟。

（3）活动主题。活动主题应根据整个营销活动的需求来确定。

（4）活动形式与内容。活动形式可以是派发宣传单、赠送优惠券、免费体验、互动抽奖等。活动内容可以是介绍养老机构的服务、科普养老知识，也可以是集手工制作、摄影展示、朗诵、书法、绘画、舞蹈等于一体的文艺表演。

（5）应急方案。针对活动中可能出现的特殊情况，如天气不佳、设备不良、参与活动的老年人过多、老年人突发意外等，提前做好应对方案。

（六）做好预算规划

营销策划方案设计完成后，还应合理地预估营销活动的收入与成本。可通过预估营销活动的销售量和销售额，得到营销活动的收入；通过分析营销活动的成本构成进行成本预算，并且制订支出计划。如果营销活动的成本超出了营销预算，则应适当调整营销策划方案。

（七）把控营销过程

在营销活动开展的过程中，应把控好营销活动的进程，并对营销策划方案的执行结果进行评价。如果执行结果没有达到预期，则要及时采取改进或弥补措施。

二、营销策划的分类

（一）按照营销策划的客体分类

按照营销策划的客体不同，可以将营销策划分为营销战略策划和营销战术策划两类。营销战略策划是对养老机构的营销目标、营销任务、重点业务进行的规划和设计，涉及养老机构的战略布局、战略目标和发展方向。营销战术策划是指在营销战略的指导下，对营销调研、产品开发与设计、产品定价、营销渠道、产品促销等具体的营销职能或活动进行的规划和设计。

（二）按照营销策划涉及的范围分类

按照营销策划涉及的范围不同，可以将营销策划分为营销总体策划和营销单项策划两大类。营销总体策划是对营销活动进行的全方位、系统性策划，涵盖了营销调研、市场细分、市场定位、营销策略设计等。养老机构在推出一项新服务前，需要先进行营销总体策划。

营销单项策划是指养老机构为实施营销总体策划方案而对某项具体的营销活动进行的设

计与安排。营销单项策划主要包括某种产品、某个细分市场、某个地区、某个时期的营销策划。例如，某养老机构为了打开某一地区的市场而进行的营销策划就属于营销单项策划。

三、营销策略的选择

营销策略是指为实现营销目标而采用的战术措施及对策。营销策略包括产品策略、定价策略、渠道策略、促销策略等。限于篇幅，下面将主要介绍定价策略和促销策略。

（一）定价策略

定价策略不仅关系到产品能否顺利进入市场，而且对养老机构能否获得良好的经济效益有重要影响。养老机构可根据自身的条件和市场环境动态，选择对自己最有利的定价策略。养老机构的定价策略主要有渗透定价策略、撇脂定价策略、产品组合定价策略和折扣定价策略四种。

1. 渗透定价策略

渗透定价策略是指养老机构以低价向市场投放新产品，期望谋取长期、稳定利润的定价策略。养老机构采用渗透定价策略能在短期内打开并占领市场，进而形成显著的规模效益，但是利润微薄，投资回收期长。小型养老机构在进入市场初期常采用渗透定价策略。

2. 撇脂定价策略

撇脂定价策略是指养老机构在新产品上市之初，将其价格定得很高，以求在短期内获取厚利。养老机构采用撇脂定价策略不仅可以尽快收回成本，还可以为后期降价竞争创造条件，即当竞争者涌入市场时，养老机构有足够的降价空间，更容易掌握竞争的主动权。撇脂定价策略是一种短期的定价策略，适用于高端养老机构。

撇脂定价策略的优缺点

“撇脂”是指从鲜牛奶中撇取脂肪，含有捞取精华的意思，这里用来比喻利用高价榨取利润。

3. 产品组合定价策略

产品组合定价策略是指对互补产品、关联产品定价时，把某种产品的价格定得高些，而把其他产品的价格定得低些，以获得整体效益的定价策略。客户对滞销、价高的产品的价格变化比较敏感，而对畅销、价低的产品的价格变化反应较迟钝，因此可通过适当降低前者的价格，提高后者的价格，达到增加总利润的目的。例如，养老机构可通过适当提高日常照料服务的价格，降低定制膳食服务、体检服务等附加服务的价格，来刺激客户购买附加服务。

需要注意的是，养老机构应维护价格政策在客户心目中的一贯性，一般不宜经常变动价格。

4．折扣定价策略

折扣定价策略是指在基本价格的基础上加上适当的折扣形成实际售价的定价策略。采用折扣定价策略的目的是通过让价稳定原有市场、吸引客户，从而加快资金周转。折扣定价策略主要包括数量折扣策略（如团购优惠价）、交易折扣策略（如会员优惠价）、季节折扣策略等。

（二）促销策略

促销策略是指养老机构为激发客户的购买欲望、促使购买行为发生而采用的战术措施及对策。促销策略主要包括人员推销策略、广告策略、公共关系策略和营业推广策略。

1．人员推销策略

人员推销是指销售人员与客户直接沟通，促使其购买产品与服务的促销方式，如图 3-1 所示。销售人员在向客户推销产品时，必须把产品的功能、特色等信息介绍给对方，并且通过交谈，了解对方对产品与服务的反应和态度，进而掌握对方的购买动机，然后采取有针对性的措施，促使交易达成。

图 3-1　人员推销

2．广告策略

广告是养老机构通过媒体向目标群体传递信息的一种宣传方式。养老机构应根据目标群体的特点和需求，选择合适的媒介（如电视、报纸、杂志、广播、网络等）宣传促销活动；在选择媒介时，要充分考虑目标群体的阅读和观看习惯。广告内容应简洁明了，突出养老机构的特色，贴近老年人的生活。

3．公共关系策略

公共关系策略是指养老机构运用信息传播沟通的手段处理自身的公众关系问题，以便树立良好的形象，提高养老机构的知名度和信誉，进而促进产品销售的一种促销方式。养老机构常采用的公共关系策略包括参加行业研讨会、开展各种专题活动、参加政府举办的大型职业技能大赛等。

4．营业推广策略

营业推广策略又称销售促进策略，是一种在短期内为完成一定营销任务而采取的刺激客

户购买产品的促销策略。营业推广的形式主要有：① 向客户赠送优惠券、样品；② 向消费达到一定标准的客户提供抽奖福利或给予其一定折扣；③ 在销售现场演示产品的功能或提供体验服务；④ 将一些能体现养老机构优势和特色的产品在合作商家的展厅中陈列，鼓励合作商家积极分销产品。

课堂互动

2 人一组，讨论任务导入中的 L 家园采用的是哪种促销策略。教师随机选择几名学生，让其分享讨论结果。

四、营销方式的选择

养老机构常用的营销方式有情感营销、体验营销、口碑营销和会员营销 4 种。

（一）情感营销

情感营销是指从客户的情感需求出发，通过构建情境和营造氛围，促使购买行为发生的营销方式。例如，某养老机构在母亲节这一天，隆重举办了以“情暖养老院·感恩母亲节”为主题的活动，通过丰富多彩的节目，在表达对伟大母亲的爱和赞美的同时，充分展现了该养老机构提供的优质服务和老年人的幸福生活，从而达到了营销宣传的目的。

（二）体验营销

体验营销是指通过让客户亲身体验养老机构所提供的产品或服务，促使购买行为发生的营销方式。采用体验营销方式时，养老机构要让客户亲身体验具有本机构特色的设施、服务等，关注客户在体验过程中的感受，激发客户对产品与服务的购买欲望。免费试住活动就是养老机构普遍使用的一种体验营销方式。

（三）口碑营销

口碑营销是指养老机构通过影响和管理客户之间口头传播的方式，增强沟通效果和客户购买意愿的营销方式。口碑营销通常发生在亲戚、朋友、同事、邻居等熟人之间。由于熟人间的信任度更高，因此采用口碑营销能够更有效地促进购买行为发生。

修身笃学

良好的口碑是养老机构吸引和留住客户的重要因素，提供优质的产品和服务则是养老机构树立良好口碑的基础。养老护理员要不断提高自己的专业技能和主动服务意识，尊重、理解客户，努力为客户提供优质的服务。

（四）会员营销

会员营销是指建立会员制度，为会员提供差异化的服务，以提高客户的忠诚度和消费频率的一种营销方式。会员营销的优点是能为养老机构培养众多忠实的客户，使养老机构保持长期、稳定的发展。高端养老机构常采用会员营销方式。

任务实施

任务描述：

选择一家养老机构，分析当前的营销环境，该养老机构面临的机会与威胁、优势与劣势，该养老机构采用的营销策略等内容，然后撰写该养老机构的营销策划分析报告。

实施要求：

（1）学生自由分组，每组 3～5 人，从中选出一名组长，由组长负责本次任务实施的具体分工。

（2）小组成员通过网络查询、实地调研等方式，选择一家养老机构并对其进行分析，然后撰写该养老机构营销策划分析报告。

（3）每组选出一人讲解本组撰写的报告，并解答其他小组成员提出的问题。教师还可以根据该报告的内容设置问题，然后组织学生进行讨论。

任务二　了解养老机构销售渠道

任务导入

M 平台助力养老机构畅通销售渠道

面对体量巨大的养老市场，养老机构怎样才能精准地找到销售渠道，快速且低成本地获取客户？经过长期的探索，部分养老机构将目光投向了 M 平台。

M 平台是以美食起家的综合生活服务平台，在该平台上，每个月点击或者搜索与养老相关的关键词的人次达几千万。将 M 平台作为养老机构的线上销售渠道，借助大数据分析技术，可以帮助养老机构精准地找到潜在客户。例如，某用户在 M 平台上搜索过“老年婚纱照”“老年大学”等关键词，M 平台据此判定该用户对养老产品与服务有潜在的消费意愿，于是向其推送养老机构的相关信息。

但是，M 平台只能帮助养老机构提高曝光率，这些潜在客户最终能否转化为真正的客户，取决于养老机构的地理位置、规模，产品和服务的质量、价格、与客户需求的匹配度，等等。

为了取得更好的营销效果，提高获客成功率，养老机构可采取以下措施：利用 M 平台向潜在客户展示经营许可资质等相关信息，以树立诚信经营的良好形象；提供在线服务，及时回答潜在客户的问题；向潜在客户提供体验服务、下单立减等优惠政策。一些养老机构还会在 M 平台上提供预约参观等服务，把线上客户引流到线下，最终促成交易。

思考：

（1）什么是销售渠道？

（2）该案例所描述的销售渠道属于长渠道还是短渠道？

（3）养老机构应如何开发销售渠道？

一、销售渠道的概念

销售渠道是指产品与服务从生产者（养老机构）到达消费者（老年人）所经过的途径，如图 3-2 所示。

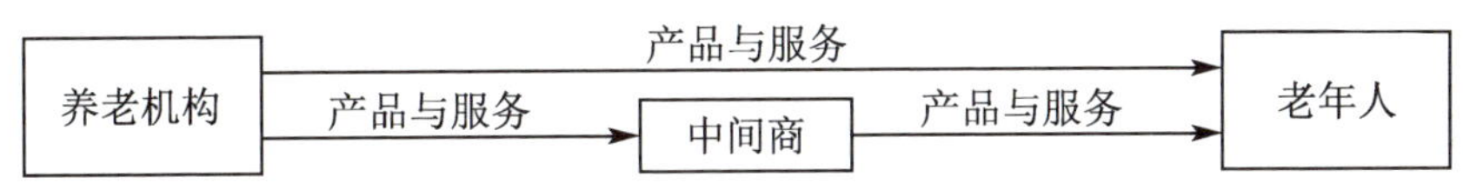

图 3-2　销售渠道

养老机构销售渠道的起点是养老机构，终点是老年人，渠道成员主要包括养老机构、中间商和老年人。中间商是养老机构销售渠道的重要组成部分，家政公司、保险公司、医疗机构、医药机构等通常充当中间商。

二、销售渠道的分类

（一）按照有无中间商参与分类

按照有无中间商参与，销售渠道可分为直接渠道和间接渠道。

1．直接渠道

直接渠道是指养老机构直接向老年人销售产品与服务，而没有中间商参与的渠道，如养老机构通过在社区开展宣传活动销售产品、销售人员上门推销等。使用直接渠道不仅减少了中间环节，降低了流通成本，还有利于养老机构及时掌握老年人消费需求的变化。但是使用直接渠道不利于养老机构快速占领市场。

2．间接渠道

间接渠道是指养老机构通过中间商将产品与服务销售给老年人的渠道。中间商的介入扩大了产品与服务的覆盖面，降低了养老机构的经营风险，有利于养老机构快速占领市场。但是使用间接渠道时，养老机构对销售渠道的控制力较弱，不利于养老机构及时了解老年人消费需求的变化，进而据此调整、优化产品与服务。

（二）按照流通环节的数量分类

按照流通环节的数量，销售渠道可分为短渠道和长渠道。

1. 短渠道

短渠道是指没有中间商参与或只经过一级中间商的渠道，包括零级销售渠道（见图 3-3）和一级销售渠道（见图 3-4）。

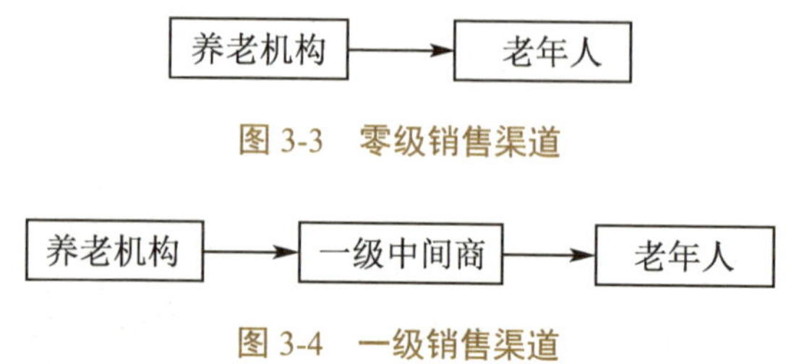

图 3-3　零级销售渠道

图 3-4　一级销售渠道

短渠道的优点如下：① 中间环节少，老年人可以及时获得产品与服务；② 养老机构能够及时掌握老年人的需求，从而快速调整决策；③ 流通费用较低，有利于养老机构通过降低产品与服务的销售价格提高市场竞争力。短渠道的缺点是销售范围和销售量受到了限制。

2. 长渠道

长渠道是指经过两级或两级以上中间商的渠道，主要包括二级销售渠道（见图 3-5）和三级销售渠道（见图 3-6）。

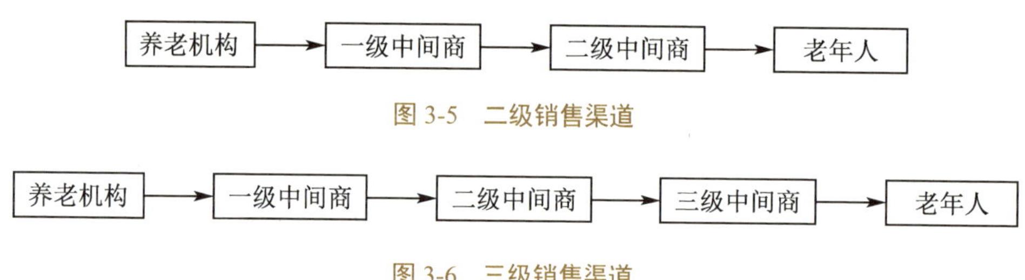

图 3-5　二级销售渠道

图 3-6　三级销售渠道

长渠道的优点是产品与服务的覆盖面广，有利于养老机构扩大市场份额。长渠道的缺点是流通环节较多，流通费用增加，产品与服务的最终售价可能比较高；反馈的销售信息具有滞后性，不利于养老机构根据市场需求及时调整、优化产品与服务。

课堂互动

判断下列销售渠道属于短渠道还是长渠道：

（1）养老机构在当地某公园进行营销活动。

（2）养老机构在当地一家保险公司设立咨询点进行销售。

（3）养老机构与多家医院和医药公司共同销售养老产品。

（三）按照中间商类型的数量分类

按照中间商类型的数量，销售渠道可分为窄渠道和宽渠道。

1. 窄渠道

窄渠道是指养老机构在同一流通环节只选择一个或几个不同类型的中间商为自己销售产品与服务的渠道。窄渠道的优点是不同类型的中间商少，有利于养老机构详细指导中间商开展销售业务和管理中间商。窄渠道的缺点是产品与服务的覆盖面小，销售量相对有限；若选择的中间商不理想，养老机构可能会失去较大的市场份额。窄渠道一般适用于销售专业性较强、价格较高的产品与服务。

2. 宽渠道

宽渠道是指养老机构在同一流通环节选择较多不同类型的中间商为自己销售产品与服务的渠道。宽渠道的优点是产品与服务能够迅速进入市场；多个渠道并行销售，降低了渠道风险；产品与服务的覆盖面广。宽渠道的缺点是运营成本和管理难度大，不利于养老机构与老年人之间建立密切的关系。宽渠道一般适用于销售大众化的产品与服务，如生活照料服务。

（四）按照渠道类型的数量分类

按照渠道类型的数量，销售渠道可分为单渠道和多渠道。

1. 单渠道

单渠道是指养老机构仅通过一种渠道销售产品与服务，如全部由自营门店直销或者全部由医疗机构经销。

2. 多渠道

多渠道是指养老机构通过多种渠道销售产品与服务。例如，在销售产品与服务时，一些全国连锁的养老机构可能在某些地区使用直接渠道，在其他地区使用间接渠道；或者在有些地区采用独家经销方式销售，在其他地区采用多家分销方式销售。

如何选择销售渠道

三、销售渠道开发

（一）销售渠道的开发原则

养老机构在开发销售渠道时，应遵循畅通高效、适度覆盖、稳定可控和协调平衡原则。

（1）畅通高效原则。以客户需求为导向，将产品与服务尽快销售出去，是销售成功的前提。如果销售渠道不畅通，老年人就无法顺利获得产品与服务；如果销售渠道的销售效率不高，获客时间就会延长，营销成本也会增大。产品与服务的流通时间、流通速度、流通费用是衡量养老机构销售渠道是否畅通、高效的重要依据。

（2）适度覆盖原则。在开发销售渠道时，养老机构应考虑其所选渠道是否能以较高的市场占有率覆盖目标市场。养老机构不能为了降低渠道成本，仅选用小型企业作为中间商甚至不选用中间商，这种做法可能会使产品与服务的覆盖面减少。但是中间商的数量也不应过多，

以免造成沟通和管理困难。

（3）稳定可控原则。开发销售渠道要花费大量的人力、物力和财力，因此在开发销售渠道时，应考虑销售渠道的稳定性和可控性。销售渠道的可控性体现在当市场环境等因素发生变化时，养老机构能够调整销售渠道，使其适应市场的新情况、新变化。

（4）协调平衡原则。养老机构与渠道成员既是互利共赢关系，又存在利益博弈，渠道成员与渠道成员之间为竞争关系。这就要求养老机构具有一定的协调能力，合理分配自己与渠道成员及渠道成员之间的利益，引导渠道成员相互合作，鼓励渠道成员之间进行有益的竞争，减少冲突发生的可能性，从而使渠道协调、平衡。

（二）销售渠道的开发流程

销售渠道的开发流程为获取潜在渠道成员名单、评估潜在渠道成员、签约渠道成员。

（1）获取潜在渠道成员名单。获取潜在渠道成员名单的方法主要有参加养老行业展会（见图 3-7）、同行推荐、查询行业信息网站、拜访或加入行业协会、刊登招商广告等。

图 3-7　养老行业展会

（2）评估潜在渠道成员。获取潜在渠道成员名单后，养老机构需要对潜在渠道成员进行评估，以确定合作的渠道成员。评估潜在渠道成员需要考虑的因素如表 3-2 所示。

表 3-2　评估潜在渠道成员需要考虑的因素

评估项目	需要考虑的因素
业务匹配度	业务范围、目标客户群、与养老机构的产品或服务互补的程度等
销售能力	客户数量、市场范围、产品覆盖率、销售金额、销售量、销售人员的素质等
财务能力	注册资金、资金周转情况、资产负债情况、付账方式等
管理能力	管理层的任职时间、管理体系的完善程度、人员流动率、企业发展战略与发展规划等
商誉	口碑、供货商的评价、客户的评价、政府与媒体的评价等
合作意愿	对合作所持的态度、对该养老机构基本情况和产品特色的了解程度，以及对该养老机构经营理念是否认同等

（3）签约渠道成员。在签约时，养老机构应在合同中明确双方的权利和义务，如销售要求、违约责任等；明确渠道费用的结算方式，如按销售额还是按利润的百分比结算；明确不同类型的渠道应配置的资源和资源的配置标准。

（三）开发销售渠道应考虑的因素

开发销售渠道应考虑的因素主要有目标市场的规模、产品与服务的特征、养老机构的自身条件和营销环境。

1. 目标市场的规模

如果目标市场规模大，则适合使用长且宽的销售渠道；如果目标市场规模小，则适合使用短且窄的销售渠道。例如，某养老机构接收自理老年人和失能老年人，目标市场规模大，潜在客户数量多，于是选择了长且宽的销售渠道。又如，某养老机构仅为失智老年人提供服务，目标市场规模小，为节省渠道成本，选择了短且窄的销售渠道。

2. 产品与服务的特征

养老机构是服务型企业，中间商只能起到开拓客源市场的作用，目标客户的最终转化还得依靠养老机构自身来完成。由于中间商起到的作用相对有限，因此养老机构在开发销售渠道时，应根据产品与服务的特征，有针对性地选择中间商。如选择与养老机构的产品或服务互补的中间商，以提高客户转化率。

3. 养老机构的自身条件

养老机构的自身条件对销售渠道的影响主要体现在以下三个方面：① 养老机构的规模和行业地位影响着养老机构在洽谈中讨价还价的能力；② 养老机构的资金实力决定了中间商的选择范围；③ 养老机构产品间的关联性影响着销售渠道中中间商类型的多少。如果产品间的关联性强，则应选用同类中间商，如提供陪诊服务、体检服务的养老机构就适合选择医疗机构作为中间商。

4. 营销环境

从微观营销环境来看，养老机构在选择中间商时，应考虑将中间商的优势与自己所提供的产品或服务的特征结合起来，以提高销售渠道的适应性和竞争力。例如，高端养老机构可选择高端私立医疗机构作为中间商。

从宏观营销环境来看，经济形势对销售渠道有较大的制约作用。在经济萧条、市场需求下降的时期，养老机构应选用较短的销售渠道，尽量避免和主要竞争者使用相同的销售渠道。此外，养老机构在开发营销渠道时，还应关注广告营销、行业发展等方面的政策法规。

四、销售渠道运营

销售渠道运营可以从渠道目标、渠道形象、渠道价格和渠道信息等方面入手。

（1）渠道目标。养老机构应根据营销策划的总目标和不同销售渠道的特点确定每类渠道的具体目标，如到店客户数量、客户转化率、销售额等，并制订相应的渠道考核方案，以引导中间商采取有效的渠道运营措施。

（2）渠道形象。养老机构应打造专业化的线下和线上销售渠道，塑造良好的渠道形象，包括销售人员沟通标准、职业形象标准、培训制度等。

养老机构销售人员的形象

销售人员是养老机构的代言人，其良好的形象会增强老年人的好感，提高老年人购买产品与服务的愿意。销售人员可从服装、头发、仪容三个方面做起，树立良好的形象。

（1）服装。销售人员的穿着应得体，以体现其专业性。许多养老机构会为销售人员准备特定的制服。如果养老机构没有提供统一的服装，销售人员应根据工作需要选择合适的服装。需要注意的是，销售人员在工作期间不应穿紧身衣和花哨、暴露的服装。

（2）头发。男性销售人员的头发前不覆额，侧不掩耳，后不及衣领；女性销售人员应将头发盘起来或束起来。

（3）仪容。销售人员应及时清除面部的油脂，清理眼角的分泌物，保持耳朵、鼻子和口腔干净。销售人员若戴眼镜，还要经常擦拭镜片。女性销售人员应化淡妆，佩戴的饰品不宜过多。

（3）渠道价格。维持不同渠道价格的相对稳定，有利于养老机构树立品牌形象，进而提高客户的忠诚度。养老机构应建立健全渠道价格管理机制，包括制定渠道价格政策、设定价格上限和下限等，还应对销售渠道价格进行监控和管理，确保价格的稳定性和合理性。

（4）渠道信息。养老机构应建立功能完善的渠道信息管理系统，以便及时掌握不同渠道的销售情况和渠道销售目标的完成情况，进而有效调整销售策略。此外，养老机构还可以通过分析渠道信息管理系统提供的信息，找出渠道运营管理中存在的问题与解决方法。

任务实施

任务描述：

某养老院位于上海市中心城区，与一家大型医院相距较近。该养老院主要收住自理老年人，环境优美，设施设备配套齐全，曾被评为上海市四星级养老机构，但是收费较高。请为该养老院选择合适的销售渠道。

实施要求：

（1）3～5 人为一组。以小组为单位，根据销售渠道的开发原则、开发销售渠道应考虑的因素和各种销售渠道的优缺点，分析该养老院应选择哪些销售渠道进行销售。小组成员达成一致意见后，将讨论结果形成书面文件（必须说明选择销售渠道的理由）并提交教师。

（2）每组选出一人在课堂上讲解本组的讨论结果，并解答其他小组成员提出的问题。

任务三　养老机构新媒体运营

任务导入

用新媒体传播“快乐养老”理念

“嘿，朋友，过去的就让它过去吧，未来依旧闪闪发亮……”伴随着充满节奏感的音乐，养老院内的老人比画着整齐划一的动作，他们的脸上洋溢着笑容。上述内容来自山东省龙口市H养老服务中心发布在抖音平台上的一条短视频，该视频的点赞量高达200万，有10万多条评论。

“手势舞短视频让更多家庭认识了我们，是本机构营销的突破口。很多看了该短视频的老人愿意前来试住。”H养老服务中心的韩院长说。但是，有力的营销必须以优质的产品与服务作为保障。

H养老服务中心在刚开业时，就接收了一位从重症监护室转来的老人，其家属委托H养老服务中心做好该老人的临终关怀服务。韩院长说：“老人刚来的时候插着鼻管、尿管，戴着呼吸机。养老护理员为老人吸痰、接尿、擦身体，营养师为老人搭配了特殊膳食，做好每一件琐事，为老人提供了细致的服务。老人在这里住了两年，家属和医生都认为这是一个奇迹。”

养老机构要想获得较高的收益，既要提供优质的产品与服务，也要学会用新媒体平台推广自己，让老人及其家属了解养老机构的服务特点和优势，促进线上流量向线下客户转换。

（资料来源：张鹏堂，《从机关干部到养老院院长，她要打造养老行业的“海底捞”》，《今日龙口》，2023年5月31日）

思考：

（1）新媒体运营的优势有哪些？

（2）养老机构可以在哪些新媒体平台上进行营销运营？

一、新媒体的分类

新媒体是指基于数字技术、网络技术及其他现代信息技术或通信技术的，具有互动性、融合性的媒介形态和平台。新媒体是继报刊、广播、电视等传统媒体之后发展起来的。

（一）按照媒体形式分类

按照媒体形式不同，可将新媒体分为门户网站、微博、QQ、微信、应用程序、移动数字电视等。

1. 门户网站

门户网站是指提供某类综合性互联网信息资源并提供有关信息服务的大型网站。门户网站将各种应用系统和互联网资源集成到一个信息平台上，为用户提供新闻资讯、搜索引擎、电子邮箱、电子商务、网络社区、网页空间等服务。根据提供的信息及服务特点的不同，可将门户网站分为综合门户网站和垂直门户网站。

（1）综合门户网站。综合门户网站主要提供养老政策法规、新闻资讯、产业动态、生活服务信息、适老化产品展示宣传等内容，可以为用户提供一站式养老信息服务。目前，我国养老行业的综合门户网站主要有中国养老网（见图 3-8）、养老信息网、国民健康养老网等。

图 3-8 中国养老网

（2）垂直门户网站。垂直门户网站专注于特定的领域，提供更加专业、详细的养老信息服务。例如，有的垂直门户网站专注于老年人的健康护理，提供健康咨询、疾病预防、康复护理等专业信息；有的垂直门户网站专注于养老金融产品，为老年人提供理财规划、保险购买等服务；有的垂直门户网站专注于养老护理人才的培训。

2. 微博

微博是分享即时短篇文本（通常为 140 个左右汉字）、图片、视频和网络链接等信息的网络传播平台。新浪微博（见图 3-9）是目前我国知名度较高的微博。新浪微博 2023 年第四季度财务报表显示，截至 2023 年第四季度末，新浪微博的月活跃用户数量达到了 5.98 亿，日活跃用户数量达 2.57 亿。如此庞大的用户体量使得新浪微博成为娱乐、商业、民生等社会各领域信息传播的重要窗口。

图 3-9　新浪微博界面

3．QQ 和微信

QQ 和微信均为即时通信软件。用户可以利用这两款软件发送语音、视频、图片、文字等信息，也可以进行一对一语音和视频聊天。微信还有一个功能强大的微信公众平台，养老机构利用该平台可以发布高质量、有价值的内容，以展现养老机构的优势，赢得用户的信任。

4．应用程序

应用程序（application program, App）是一种可以由用户下载、在移动终端设备上加载使用的软件程序。App 作为一个独立的营销渠道，养老机构通过它可以开展各种互动活动，如线上咨询、预约参观、健康讲座等，提高用户的参与度和黏性。此外，利用 App 收集用户信息，通过对收集到的信息进行分析，可以使养老机构更准确地了解用户的需求和偏好，进而为其提供个性化的服务。这种个性化的服务有助于提高用户的满意度和忠诚度。

5．移动数字电视

数字电视是基于数字技术、能直接接收地面数字电视广播信号的电视接收系统。数字电视画面清晰度高，抗干扰能力强，能够提供各种网络服务，如视频点播、网上购物、远程教学、远程医疗等。

移动数字电视是指安装在移动载体上的数字电视。移动数字电视通过无线形式发送和接收数字电视信号，无论是在高速移动还是在静止状态下，均能保持画面清晰、流畅。如今，在地铁、公交车、火车、轮船上，均能看到移动数字电视。

（二）按照内容的形态分类

内容的形态包括文字、图片、语音、视频等。按照内容的形态，可将新媒体分为图文类新媒体平台和视频类新媒体平台。

1．图文类新媒体平台

图文类新媒体平台是指以发布文字和图片为主的新媒体平台，如微信、小红书等。

2．视频类新媒体平台

视频中可以包含文字、图片和语音。视频能够更直观地传递信息，观看者更容易理解视频内容，因此新媒体平台多为视频平台。按照视频的时长，可将视频类新媒体平台分为短视频平台、长视频平台和网络直播平台。

（1）短视频平台

短视频一般指播放时长在几分钟甚至一分钟以内的视频，短视频的最长时长一般不超过5分钟。相较于传统的图文形式，短视频声画同步，信息承载量大，能够满足人们利用碎片化的时间快速获取信息的需求。短视频具有制作周期短、创作成本低、互动性强、易分享、易传播等特点，在互联网视频领域异军突起，成为时下火爆的新媒体类型之一。目前，我国知名的短视频平台有抖音、快手等。

科技助老

玩出老年生活“新花样”

吃饭、睡觉、看电视，也许这才是大家眼中老人的平淡生活。但是在湖南省衡阳市K养老院，工作人员带领老人唱歌、跳舞、拍摄短视频，玩出了老年生活“新花样”。

K养老院的阳院长注册抖音账号，最初只是为了记录老人的日常生活。然而在拍摄过程中，老人对录制视频这一新鲜事物产生了浓厚的兴趣，阳院长也因此产生创作养老院情景短剧的想法。K养老院的老人积极参演短剧，争着当“演员”。“我有时间就会参与拍摄。在参与拍摄的过程中，我的体力、脑力都得到了锻炼。”K养老院的一位老人说。

阳院长表示：“拍摄短视频的初衷只是为了给老人留下一些美好的回忆。老人特别喜欢拍视频，我一说拍视频，他们就争先恐后地凑到镜头前。家属看到老人拍摄的短视频也很高兴。”

K养老院的抖音账号上有数百条短视频，这些短视频记录着老人说学逗唱的快乐瞬间。虽然没有精美的画面，但是每个视频里都洋溢着温馨和欢乐的氛围。通过短视频，网友们看到了这群老人生活有趣的一面，老人们也逐渐找到了自己晚年的快乐。

（资料来源：赵诗、文雅婷，《衡山：养老院老人“玩转”抖音　老年生活欢乐无穷》，衡山县融媒体中心，2022年11月30日）

（2）长视频平台

长视频一般指播放时长超过5分钟的视频。人们通常将长视频平台称为视频网站。我国主流的长视频平台有爱奇艺、腾讯视频、优酷等。

（3）网络直播平台

网络直播是利用移动终端进行视频信息采集、通过互联网平台进行视频直播的媒体形式。网络直播通常被视为超长内容的视频。网络直播平台主要有抖音、快手等。

二、新媒体运营的优势

与传统媒体相比，新媒体运营成本低，并且可实现精准营销和互动营销。

（一）运营成本低

就运营成本而言，新媒体平台的使用成本和用户沟通成本均比较低。使用成本低主要体现在养老机构可以在大部分新媒体平台上免费注册账号，或者缴纳少量服务费就可以注册账号。用户沟通成本低主要体现在养老机构在新媒体平台上能与用户快速、实时沟通，而不需要支付其他费用。

（二）可实现精准营销

新媒体平台会根据用户在平台上填写的个人信息、发布和浏览的内容等推算出用户的偏好，为用户推荐其感兴趣的内容。养老机构在新媒体平台上营销时，营销信息的浏览者往往是对养老机构的产品与服务感兴趣的用户，从而实现了精准营销。

（三）可实现互动营销

新媒体平台通过即时通信，如点赞、评论、分享等，可以使用户参与到信息的传播与交流中来。此外，新媒体平台有互动反馈机制，养老机构通过与用户进行交流互动，能及时、准确地了解用户的需求，进而为其提供个性化的服务。

三、新媒体运营的内容

新媒体运营的内容主要包括内容运营和用户运营。

（一）内容运营

内容运营是指运营人员借助新媒体平台，以文字、图像或视频等形式将营销信息呈现在用户面前的运营过程。进行内容运营时，运营人员应选择目标用户经常使用的新媒体平台，然后确定内容的形态，最后进行内容策划、素材整理、内容编辑、内容优化及发布等工作。

1. 进行内容策划

进行内容策划时，运营人员应深入理解要销售的产品和服务与用户之间的联系，然后确定内容的主题。以短视频为例，养老机构可以策划街头采访类短视频、搞笑吐槽类短视频、生活记录类短视频、才艺展示类短视频等。

（1）街头采访类短视频。街头采访类短视频是一种提出用户关心的问题，然后通过采访街头路人对该问题的看法吸引用户观看的短视频。街头采访类短视频往往包含了多个路人的采访片段，不同的路人对同一问题的态度、反应、回答都不尽相同。这些新奇、有趣的内容能够满足用户的好奇心，街头采访类短视频因此受到许多用户的喜爱。

（2）搞笑吐槽类短视频。搞笑吐槽类短视频是对日常生活中一些存在争议的话题及社会现象进行吐槽的短视频。搞笑吐槽类短视频幽默、诙谐，容易吸引用户。

（3）生活记录类短视频。生活记录类短视频是一种以生活中的小事吸引用户的短视频。生活记录类短视频的内容可以是分享生活常识和小技巧，也可以是老年人的生活趣事。很多养老机构会通过生活记录类短视频，展现老年人在日常生活中的有趣行为，并以此吸引潜在用户。图 3-10 为某养老服务中心的老年人集体学习手势舞的短视频画面。

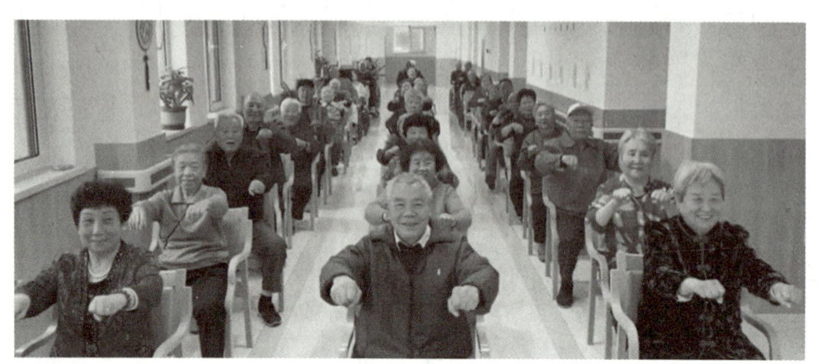

图 3-10　老年人集体学习手势舞的短视频画面

（4）才艺展示类短视频。养老机构如果组建了合唱团、舞蹈团、器乐队、书画小组等艺术团队，则可尝试拍摄才艺展示类短视频。

修身笃学

新媒体营销是一个竞争激烈且十分有挑战性的职业，运营人员除了要不断学习新知识、掌握新技能外，还要不断提高职业操守，规范职业行为。无论是在内容策划还是在营销手段上，运营人员都应实事求是，自觉抵制各种诱惑。

2．提高内容的曝光率

内容的曝光率是指在特定的时段内，该内容被目标受众看到的概率。在发布内容前，为要发布的内容设置合适的关键词，可以有效提高内容的曝光率。

视野拓展

在小红书平台上进行内容运营

小红书用户以分享笔记的方式发布信息，笔记的内容可以是文字、图片、视频等。小红书平台上的笔记主要有教程类笔记、探店类笔记和分享类笔记，运营人员应根据营销需要灵活选择。

（1）教程类笔记。教程类笔记以介绍完成某项活动的流程和方法为主，旨在教会用户某项技能或指导用户完成某项活动。养老机构如果拥有特色的膳食服务，则可发布有关老年人食谱搭配、制作老年人营养餐的笔记，以吸引流量。

（2）探店类笔记。探店类笔记以博主实地参观、体验，介绍产品与服务为主。养老机构可与小红书博主进行合作，邀请博主发布探访本机构的笔记。

（3）分享类笔记。分享类笔记以分享某一领域的知识和经验为主，旨在启发用户或帮助用户解决问题。养老机构可通过发布有关养老常识、老年人护理等领域的分享类笔记，获得潜在用户的持续关注。

在小红书平台上获取流量的方式主要有关键词搜索和系统推荐两种。

（1）关键词搜索。关键词搜索是指用户通过关键词搜索到相关笔记，这也是小红书账号的主要流量来源之一。运营人员在小红书平台上撰写笔记时，应注意选择合适的关键词，并且尽可能使关键词合理地分布在标题、正文和标签等位置，以提高该笔记被搜索到的概率。

（2）系统推荐。系统推荐是指小红书平台的流量推荐。要想获得系统推荐的机会，小红书账号的等级、粉丝数量和笔记的评论量、获赞量、收藏量应达到一定要求。

（二）用户运营

用户运营是指养老机构借助新媒体平台的深度交互能力使自己所发布的内容持久地获得用户关注的过程。用户运营有助于维持用户黏性，提升用户活跃度，扩大用户规模。用户运营包括以下两个方面的内容：① 通过推送消息、策划活动、进行互动等方式提高原有用户的活跃度，同时开发新用户；② 通过分析用户的行为和需求，提供个性化的产品与服务，提高用户的留存率和转化率。衡量用户运营效果的指标主要有用户的增长率、留存率、活跃度和转化率。

抖音平台的推荐算法与流量获得技巧

很多短视频平台的账号如果没有足够多的用户关注，由该账号发布的短视频影响力就很有限。但是在抖音平台上，经常会出现一个粉丝数为零的账号仅凭几个视频就能吸引百万粉丝的情况。这得益于抖音平台独特的推荐算法。下面介绍抖音平台的推荐算法和流量获得技巧。

一、推荐算法

抖音平台的推荐算法是指抖音平台按照事先设定的程序为其平台上的短视频自动、精准地分配流量的过程。抖音平台的推荐算法可以概括为 3 个步骤，即智能分发、叠加推荐和热度加权。

1．智能分发

用户将视频上传至抖音平台后，抖音平台会将该视频主要推荐给该用户的粉丝和该用户附近的人，并且根据该用户账号的标签和视频的标签，将该视频放在不同的流量池中。若视频的完播率、点赞率、评论率、转发率等较高，抖音平台会将该视频持续推荐给更多的用户。进行智能分发的目的主要是测试用户发布的短视频受用户喜爱的程度。

2．叠加推荐

如果视频在小流量池里的完播率、点赞率、评论率、转发率等达到了一定标准，抖音平台就会将该视频视为受用户欢迎的视频，自动将其推荐给更多的用户，并且将其放在更大的流量池中。

3．热度加权

只有那些受大多数用户喜爱的短视频才会进入抖音平台的主要推荐流量池中，接受上百万流量的"洗礼"。衡量短视频热度权重的指标主要有转发量、评论量、点赞量，但是热度权重也会受时间的影响。除非有大量用户模仿拍摄，否则，在一般情况下，一条短视频的热度最多持续一周。

二、流量获得技巧

抖音平台主要根据完播率、点赞率、评论率、转发率 4 个指标判断短视频受用户喜爱的程度。提高这 4 个指标，就能使抖音账号获得更大的流量。运营人员可从以下 3 个方面入手，提高这 4 个指标：

（1）在短视频的末尾加上提醒用户点赞、关注、评论、转发的文字或语音。

（2）为短视频配上反问语气的标题或者具有话题性的标题，以引导、鼓励用户去评论区讨论互动。

（3）积极回复用户的评论和私信，使其感受到自己被重视。

四、网站运营和 App 运营

网站和 App 具有相对独立性，它们都是养老机构进行新媒体运营的重要平台。

（一）养老机构网站运营

养老机构网站运营主要包括养老机构网站策划、网站设计和网站推广。

1．养老机构网站策划

不同养老机构的网站内容有所不同，但一般都包括机构简介、机构新闻、机构环境、特色服务、联系我们五大栏目，有的网站还包括志愿者服务、护理百科、预约咨询等栏目。图 3-11 为某养老院网站首页中的栏目。

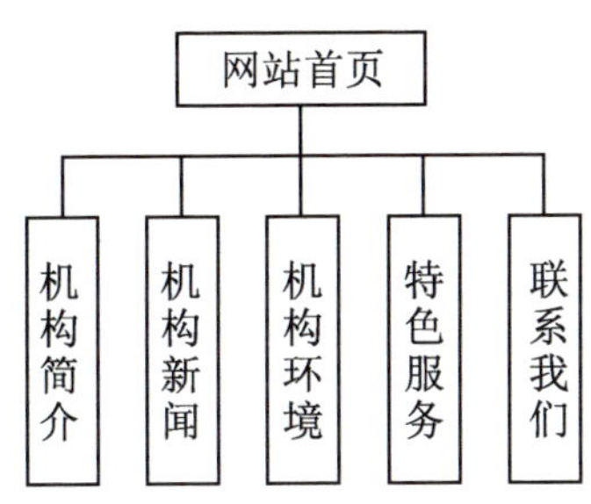

图 3-11　某养老院网站首页中的栏目

图 3-11 中五大栏目的主要内容如下：

（1）机构简介。主要介绍养老机构的成立时间、发展历程、经营理念、服务特色、所获荣誉等信息。

（2）机构新闻。主要介绍养老机构近期发生的重要事情、举办的活动等。

（3）机构环境。主要介绍养老机构的居住环境和基础设施。

（4）特色服务。主要介绍养老机构所提供的照护服务、膳食服务、医疗服务、康复服务、文化娱乐服务等内容。

（5）联系我们。主要介绍养老机构的地址、商务洽谈联系人和联系方式等信息。

2. 养老机构网站设计

养老机构在进行网站设计时，应坚持以人为本的设计理念，提供多种操作方式和辅助阅读功能。具体来说，在进行养老机构网站设计时，应做到以下几点：

（1）充分考虑老年人的特点和需求，做到网站界面简洁、内容清晰、标识统一，并且符合《信息技术互联网内容无障碍可访问性技术要求与测试方法》（GB/T 37668—2019）等国家相关标准。

（2）养老机构电脑端网站至少应提供全程使用键盘操作和鼠标（特大鼠标指针）操作两种方式，移动端网站应提供快速定位、语音阅读等规范性的适老化智能手势。

（3）养老机构的网站应提供特大字体、文字放大和语音阅读服务等辅助阅读功能，为老年人感知网页内容、获取相关服务提供支持。

3. 养老机构网站推广

养老机构网站推广的方式主要有搜索引擎推广、信息发布推广和资源合作推广。

（1）搜索引擎推广

搜索引擎推广是指利用具有信息搜索功能的网络工具进行推广。搜索引擎营销和搜索引擎优化是两种比较常用的搜索引擎推广方法。

1）搜索引擎营销。搜索引擎营销是通过在搜索引擎上投放广告来提高网站的曝光率和增加网站流量的推广方法。常见的搜索引擎有百度、搜狗等。例如，在百度中搜索“养老机构”，网页中带有“广告”字样的养老机构都是使用搜索引擎营销方式推广其网站（见图 3-12）的。搜索引擎营销方法适合资金实力比较雄厚的养老机构。

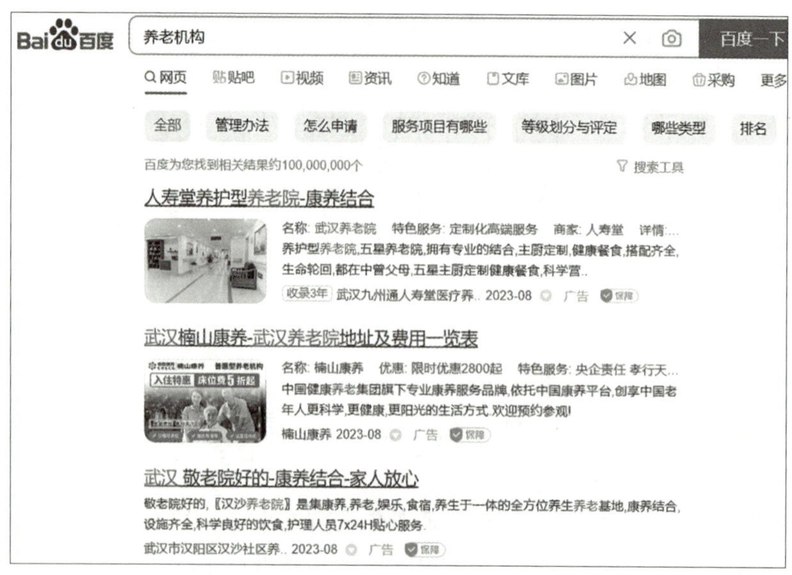

图 3-12 使用搜索引擎营销方式推广网站

2）搜索引擎优化。搜索引擎优化是指根据各种搜索引擎的检索特点，通过修改关键字、标题、网站结构，使网站更符合搜索引擎的检索规则、排名更靠前、更容易被检索到的推广方法。搜索引擎优化主要是对关键词进行优化，如将搜索量大、价值高、竞争程度低的词作为关键词。搜索引擎优化是一种营销费用低但是时间成本相对较高的推广方法。

搜索引擎优化的流程

（2）信息发布推广

信息发布推广是指将养老机构网站上的信息或与该网站相关的信息发布在目标客户经常访问的新媒体平台上的推广方法。养老机构在新媒体平台上发布内容时，可以在所发布内容的合适位置注明其网站的名称、网址等信息，以达到宣传该网站的目的。

（3）资源合作推广

资源合作推广是指网站之间通过共享内容、友情链接等方式，实现互相宣传的推广方法。每个网站拥有不同的资源，这种资源可以是访问量、注册用户量等。养老机构网站与其他网站进行资源合作推广，可实现资源共享。

（二）养老机构 App 运营

与网站相比，App 面向移动终端用户，为用户提供更完善的服务。养老机构 App 运营的主要优势如下：

（1）营销费用低。养老机构在新媒体平台上开设账号后，若想要提高所发布内容的曝光率，通常还需要花费一定资金购买流量和广告位。养老机构如果利用 App 进行营销，则只需开发一个 App 并将其投放到智能手机操作系统或其他设备操作系统的应用商店中，等待用户

下载安装即可。

（2）用户黏性高。App 是针对特定用户的需求和偏好开发的，用户一旦下载并使用某 App，就说明他们对该 App 比较信任。用户使用养老机构 App 的体验好，就会向身边的人推荐该 App。养老机构还可以在 App 上采用签到、积分、等级奖励等方式，培养用户使用该 App 的习惯，进而形成稳定的用户群。

（3）购买转化率高。相较于其他新媒体平台，App 能提供更详细的用户数据，如用户在 App 上浏览的内容、发表的评论等。养老机构根据这些数据可以了解用户的需求，及时调整和优化营销策略。

五、微信公众号运营

微信公众平台是依托微信，以文字、图片、语音、视频形式沟通和互动的平台。微信公众号是在微信公众平台上注册的账号。微信公众号运营是养老机构常用的新媒体运营形式之一。

（一）微信公众号的注册

使用微信公众号运营前，需要先注册和设置微信公众号。登录微信公众平台官网（https://mp.weixin.qq.com），单击右上角的“立即注册”按钮，在打开的界面中可选择账号的类型。

微信公众平台提供的账号有订阅号、服务号、小程序、企业微信 4 种类型。养老机构如果只是通过发送消息进行营销，可选择订阅号；如果要提供线上业务服务（如销售产品）和进行用户管理，可选择服务号；如果想要实现消息推送、社交分享、商城购物、地图导航、视频直播等功能，可选择小程序；如果想要对内管理员工，对外连接微信用户，可选择企业微信。

选择不同的账号类型，打开的页面有所不同。运营人员可根据需要选择账号类型，然后根据打开的界面中的提示信息完成微信公众号的注册。

（二）微信公众号的设置

微信公众号注册成功后，还应对其进行设置，如修改、完善账号信息，进行账号功能设置、授权管理、自动回复设置等。

1．修改、完善账号信息

账号信息包括公开信息和注册信息。其中，公开信息包括头像、公众号名称、微信号、二维码、公众号类型、账号功能介绍、认证情况、视频号绑定情况、地址信息等，如图 3-13 所示；注册信息包括内容类目（如社会民生、健康医疗、科学科普等）、登录邮箱、原始 ID。养老机构应根据需要和微信公众平台的规则修改、完善账号信息。

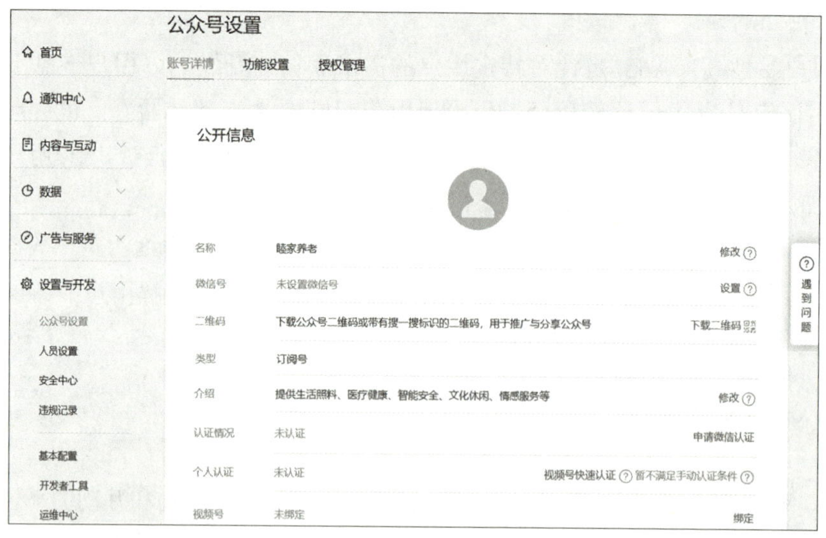

图 3-13　公开信息

2. 进行账号功能设置

账号功能设置主要包括隐私设置、图片水印和 JS 接口安全域名设置。单击“隐私设置”选项右侧的“设置”按钮，可在打开的界面中设置是否允许用户通过搜索名称找到该公众号。单击“图片水印”选项右侧的“设置”按钮，可在打开的界面中设置是否为图文消息添加水印。JS 接口安全域名是针对微信公众号提供的一种安全机制，用于解决域名安全问题。

3. 进行授权管理

养老机构可将其微信公众号授权给第三方代为运营。授权后，可在授权管理界面中查看对方的权限或取消授权。

4. 进行自动回复设置

自动回复是运营人员与用户互动的一种方式，包括关键词回复、收到消息回复、被关注回复。

（1）关键词回复。关键词回复是针对用户发送的聊天信息中包含的特定词汇所设置的回复规则和回复内容，如图 3-14 所示。

（2）收到消息回复。收到消息回复是针对用户发送的聊天信息所设置的回复内容。

（3）被关注回复。被关注回复是用户关注微信公众号时，该公众号自动发送给用户的信息。被关注回复是微信公众号与用户进行的第一次互动，被关注回复的内容直接影响着用户对该公众号的第一印象。为了方便用户快速了解微信公众号，可将被关注回复的内容设为简要介绍该公众号的基本信息和功能。

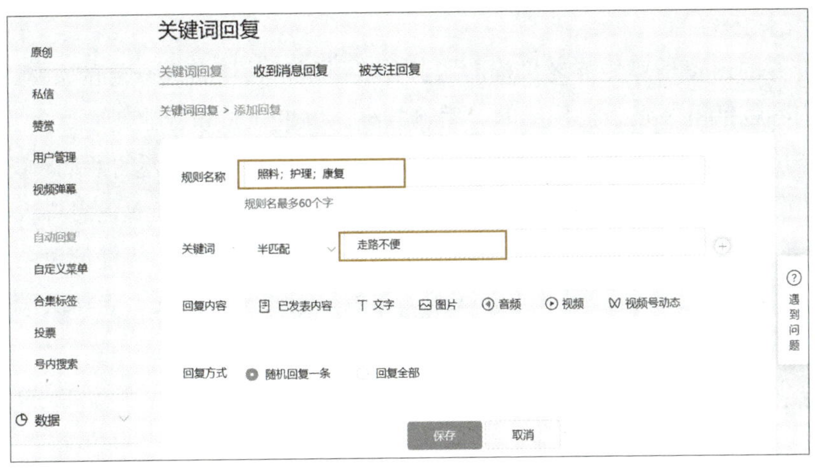

图 3-14 关键词回复设置

课堂互动

打开微信，在微信公众号中输入关键词“养老机构”，然后搜索与养老机构相关的公众号，从中选择几个了解其名称、功能、内容、所提供的服务等。教师随机选择几名学生，让其分享讨论结果。

（三）微信公众号的运营规划

养老机构在进行微信公众号运营规划时，应先构建用户画像，在明确了目标用户后，根据目标用户的偏好推送内容。

1. 构建用户画像

养老机构可以从以下几个方面入手，构建用户画像：

（1）年龄。不同年龄段的用户所关注的问题有所不同。40～50 岁的中年人比较关注养老机构的环境、服务内容和口碑，在为家人选择养老机构时，也会参考这方面的信息；60～75 岁身体健康的老年人比较关注并且愿意参加老年文化娱乐活动；80 岁左右的老年人身体机能下降，他们更加关注养老护理服务；90 岁以上的老年人数量相对较少，不应作为微信公众号运营的重点对象。

（2）性别。很多中老年男性对医疗科技、养老行业资讯感兴趣，而中老年女性通常对饮食、文化活动感兴趣。养老机构微信公众号的内容可根据用户的性别比例适当做出调整。

（3）地域。地域是指目标用户所在的地域。不同地域的用户在生活习惯、文化背景、收入水平等方面呈现出差异。养老机构需要考虑这些差异，以便更好地服务用户。例如，针对华南地区的老年人市场的微信公众号可通过发布制作粤菜的内容增强用户黏性。

2. 合理选择内容

微信公众号的内容是宣传养老机构的服务并吸引用户关注该公众号的关键。养老机构微信公众号的内容包括但不限于机构新闻、案例故事、养老知识和行业新闻。

（1）机构新闻。机构新闻一般包括养老机构推出的新服务、举办的活动、获得的奖项等。

（2）案例故事。案例故事旨在展现养老机构优秀员工的风采和入住老年人的精神风貌。

（3）养老知识。对老年人常见病、急救常识等内容进行科普，传播健康的生活理念。

（4）行业新闻。行业新闻包括养老政策、智慧养老的发展情况、老年医学发展情况等。

任务实施

任务描述：

注册抖音账号并发布一条与养老服务相关的短视频。

实施要求：

（1）学生自由分组，每组 3～5 人，从中选出一名组长，由组长负责本次任务实施的具体分工。

（2）视频类型不限，视频内容必须与养老服务相关。

（3）组员每人注册一个抖音账号，其中一人发布一条上述短视频，其他人员进行转载和评论。

（4）教师根据视频内容、拍摄效果、互动数据等进行评价，从学生拍摄的视频中挑选几个在课堂上播放。

学习成果自测

1. 填空题

（1）__________是对营销活动的总体设计与安排，其目的是使营销活动有计划、有步骤地进行。

（2）根据营销策划的客体不同，可以将营销策划分为__________和营销战术策划两类。

（3）__________是指养老机构以低价向市场投放新产品，期望谋取长期、稳定利润的定价策略。

（4）__________又称销售促进策略，是一种在短期内为完成一定营销任务而采取的刺激客户购买产品的促销策略。

（5）__________是指没有中间商参与或只经过一级中间商的渠道。

2. 选择题

（1）下列关于养老机构营销策略的说法错误的是（　　）。

A. 小型养老机构在进入市场初期常采用渗透定价策略

B. 养老机构采用撇脂定价策略可以尽快收回成本

C. 产品组合定价策略中产品与服务的价格可以经常变动

D. 促销策略主要包括人员推销策略、广告策略、公共关系策略和营业推广策略

（2）下列关于养老机构营销方式的说法错误的是（　　）。

A. 情感营销是指从客户的情感需要出发，通过构建情境和营造氛围，激起客户的情感需求，进而促使购买行为发生的营销方式

B. 免费试住活动是养老机构普遍使用的一种情感营销方式

C. 口碑营销通常发生在亲戚、朋友、同事、同学等关系较为密切的群体之间

D. 高端养老机构常采用会员营销方式

（3）下列关于养老机构销售渠道的说法错误的是（　　）。

A. 窄渠道一般适用于销售专业性较强、价格较高的产品与服务

B. 宽渠道一般适用于销售大众化的产品与服务

C. 单渠道是指养老机构只能通过一个渠道销售产品与服务

D. 多渠道是指养老机构通过多种渠道销售产品与服务

（4）养老机构在开发销售渠道时不应考虑（　　）。

A. 目标市场的模型　　B. 产品与服务的特征

C. 自身的条件　　D. 渠道信息建设

（5）下列关于新媒体和新媒体运营的说法错误的是（　　）。

A. 垂直门户网站可以为用户提供一站式养老信息服务

B. 利用新媒体平台可以实现精准营销和互动营销

C. 搜索引擎营销是通过在搜索引擎上投放广告来提高网站的曝光率和增加网站流量的推广方法

D. App 运营具有营销费用低、用户黏性高、购买转化率高等优点

3. 简答题

（1）简述养老机构营销策划的内容。

（2）简述养老机构销售渠道的开发原则。

（3）简述养老机构销售渠道的开发流程。

（4）简述新媒体的分类。

（5）简述新媒体运营的优势。

学习成果评价

进行学习成果评价，并将评价结果填入表 3-3 中。

表 3-3 学习成果评价表

<table>
<tr><td>班级</td><td></td><td>组号</td><td></td><td>日期</td><td></td></tr>
<tr><td>姓名</td><td></td><td>学号</td><td></td><td>指导教师</td><td></td></tr>
<tr><td>项目名称</td><td colspan="5">养老机构营销运营</td></tr>
<tr><td>评价项目</td><td colspan="2">评价内容</td><td>分值</td><td>自我评分</td><td>教师评分</td></tr>
<tr><td rowspan="6">理论知识
（40%）</td><td colspan="2">营销策划的内容和分类</td><td>8</td><td></td><td></td></tr>
<tr><td colspan="2">营销策略的选择和营销方式的选择</td><td>8</td><td></td><td></td></tr>
<tr><td colspan="2">销售渠道的概念和分类</td><td>6</td><td></td><td></td></tr>
<tr><td colspan="2">销售渠道的开发和运营</td><td>6</td><td></td><td></td></tr>
<tr><td colspan="2">新媒体的分类和新媒体运营的优势与内容</td><td>6</td><td></td><td></td></tr>
<tr><td colspan="2">网站运营、App 运营和微信公众号运营</td><td>6</td><td></td><td></td></tr>
<tr><td rowspan="4">实践技能
（40%）</td><td colspan="2">具备策划养老机构营销活动的能力</td><td>10</td><td></td><td></td></tr>
<tr><td colspan="2">初步具备开发和运营养老机构销售渠道的能力</td><td>10</td><td></td><td></td></tr>
<tr><td colspan="2">明确不同类型的新媒体运营的要求</td><td>10</td><td></td><td></td></tr>
<tr><td colspan="2">初步具备运营养老机构新媒体账号的能力</td><td>10</td><td></td><td></td></tr>
<tr><td rowspan="4">综合素养
（20%）</td><td colspan="2">遵守课堂纪律，积极回答问题</td><td>5</td><td></td><td></td></tr>
<tr><td colspan="2">养成细致、专注、严谨的学习态度</td><td>5</td><td></td><td></td></tr>
<tr><td colspan="2">弘扬客户至上的服务精神</td><td>5</td><td></td><td></td></tr>
<tr><td colspan="2">树立实事求是的营销观念</td><td>5</td><td></td><td></td></tr>
<tr><td colspan="3">合 计</td><td>100</td><td></td><td></td></tr>
<tr><td>自我评价</td><td colspan="5"></td></tr>
<tr><td>教师评价</td><td colspan="5"></td></tr>
</table>

项目四
养老机构服务管理

项目引言

受家庭结构变化、思想观念转变、人口老龄化趋势加快等因素的影响，入住养老机构的老年人逐年增多，他们对养老机构服务质量的要求也越来越高。为了给老年人提供优质、安全的养老服务，养老机构应构建完善的服务管理体系，建立健全各项服务管理制度。

知识目标

- 掌握生活照料服务的主要内容和生活照料服务的质量管理、安全管理的相关知识。
- 熟悉食谱管理、个人卫生管理、食品安全管理、餐厅卫生与服务管理。
- 了解医疗护理服务的主要内容和医疗护理服务质量管理、医疗护理安全管理的相关知识。
- 了解康复服务的主要内容、管理模式与康复服务质量管理。

素质目标

- 通过学习生活照料服务质量管理和安全管理，树立质量管理理念，强化安全管理意识。
- 通过学习“养老护理员抓住黄金 3 分钟成功施救”案例，树立生命至上的理念。

任务一　养老机构生活照料服务管理

任务导入

管理提质增效　守护老人幸福

贵州省仁怀市Z敬老院是一所设施完善、功能齐全的公立养老机构。该敬老院通过加强制度建设，规范院务管理工作，不断提高养老服务质量和入住老年人的幸福指数。

具体来说，Z敬老院制定了《院长岗位职责》《工作人员岗位职责》《卫生管理制度》《餐厅管理制度》等多项制度，使得各项服务工作有章可循。例如，《工作人员岗位职责》要求养老护理员必须持证上岗，并且规定了志愿者和义工的服务内容。为了提升老年人参与管理工作的积极性，在全面推行制度管理的基础上，Z敬老院还对老年人进行分班组管理，每个班组推选一位老年人担任班长，由其协助院长开展日常生活管理工作。

与此同时，Z敬老院还成立了院民管理委员会，该委员会设有卫生委员、文艺委员、生活委员等岗位。为了提高老年人的文明素质和自我管理能力，院民管理委员会还制定了鼓励老年人对随地吐痰、随手乱扔垃圾等不文明行为相互监督制度。院长通过召开常态化院民大会，听取老年人对基础设施、照护服务的意见和建议。

此外，Z敬老院创新照护服务管理模式，以“院民自我管理、互助照顾”为原则，鼓励身体素质较好的老年人协助照顾年长多病的老年人，并动员所有有能力的老年人给予5名失能老年人和3名半失能老年人力所能及的帮助，从而营造温馨、和谐的生活氛围。

（资料来源：李淼，《提升服务质量　守护老人幸福，仁怀市茅台镇多措并举规范敬老院管理工作》，天眼新闻，2021年4月20日）

思考：

（1）Z敬老院为老年人提供的生活照料服务包括哪些内容？

（2）为提高生活照料服务质量，养老机构应怎样做？

一、生活照料服务的主要内容

养老机构提供的生活照料服务主要有饮食照料、起居照料、清洁卫生照料、排泄照料、体位转移照料。

（一）饮食照料

饮食照料主要包括喂水、喂饭、鼻饲。

1．喂水

养老护理员应根据老年人的身体状况，协助老年人保持半坐位或坐位等适宜的体位，然后让其自主饮水，或者用汤匙、吸管给其喂水。老年人在饮水后不应立即平卧，以免发生呛咳、误吸。如果老年人在饮水时发生呛咳，养老护理员应立即停止喂水，待其平静后再喂水；若发现异常情况，养老护理员应及时通知医务人员。

2．喂饭

养老护理员应协助老年人在用餐前排便、洗手，必要时协助老年人口服餐前药。喂饭时，为避免老年人呛咳、噎食，养老护理员应做到以下几点：① 剔除食物中的骨头等不可食用的部分；② 喂饭动作应轻缓，固体、流质食物应交替喂；③ 不喂圆形、过于光滑的食物；④ 将食物打成糊状后，再将其喂给吞咽有障碍的老年人。在喂饭过程中，如果老年人发生呛咳、噎食，养老护理员应立即停止喂饭；若发现异常情况，养老护理员应及时通知医务人员。

3．鼻饲

鼻饲是指当老年人不能经口进食时，将特制的鼻胃管从老年人的鼻腔插入胃内，使流质食物、水或药液通过鼻胃管进入消化系统的方式。鼻饲前，养老护理员应协助老年人呈半卧位，检查鼻胃管插入的长度、鼻胃管周围的皮肤情况、鼻胃管在口腔中有无盘旋。确认一切正常后，打开鼻胃管前端盖帽，手持灌注器回抽老年人的胃内容物至见胃液，以确定鼻胃管在胃内。

鼻饲过程中，养老护理员应缓慢推注鼻饲饮食，同时注意观察并询问老年人有无不适感；如果老年人出现恶心、呕吐等情况，养老护理员应立即停止操作，并通知医务人员。鼻饲后，养老护理员应准确记录鼻饲时间、鼻饲量和老年人的反应，重点记录老年人在鼻饲后有无腹胀、腹泻等不适症状。

（二）起居照料

起居照料主要包括协助穿（脱）衣服、睡眠照顾、更换床上用品。

1．协助穿（脱）衣服

养老护理员应根据老年人的身体状况，帮助老年人保持坐位或卧位，然后协助其穿（脱）上衣和裤子。养老护理员在为老年人穿（脱）上衣和裤子时，动作应轻、快，如果需要老年人配合，则应及时、耐心地与其沟通，避免老年人受伤或着凉。养老护理员在为偏瘫老年人穿衣时，应先协助其穿患侧的衣服，再穿健侧的衣服；脱衣时，应先协助其脱健侧的衣服，再脱患侧的衣服。

2．睡眠照顾

养老护理员应了解老年人的日常睡眠习惯，改善影响老年人睡眠的环境因素，如改善室内的温湿度、床具的舒适度等。养老护理员应多照顾身体状况不佳、有睡眠障碍的老年人，协助老年人改正不良的睡眠习惯。

3．更换床上用品

床上用品包括床单、被罩、枕套等。定时或根据需要为老年人更换床上用品，可以减少居室内的异味，降低老年人感染疾病的可能性。养老护理员在更换床单（见图 4-1）时，应协助老年人背向自己侧卧，同时将一侧的护栏拉起，防止老年人坠床；在更换被罩时，养老护理员应防止被罩遮住老年人的口鼻；在更换枕套时，养老护理员应一只手托起老年人的头部，另一只手拉出枕头。

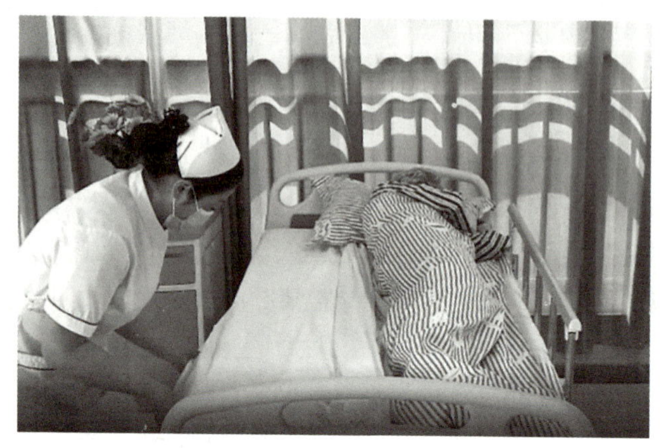

图 4-1　更换床单

（三）清洁卫生照料

清洁卫生照料主要包括清洁口腔、日常梳洗、清洁身体。其中，清洁口腔包括漱口、刷牙、擦拭口腔、清洗义齿，日常梳洗包括洗头、洗脸、洗手、梳头、剃须、洗脚、修剪指（趾）甲。清洁身体包括洗澡、床上擦浴。对于自理、半自理老年人，养老护理员可协助其淋浴；对于长期卧床的老年人，养老护理员应经常为其擦洗身体，或者使用洗澡机（见图 4-2）为其进行机械浴。

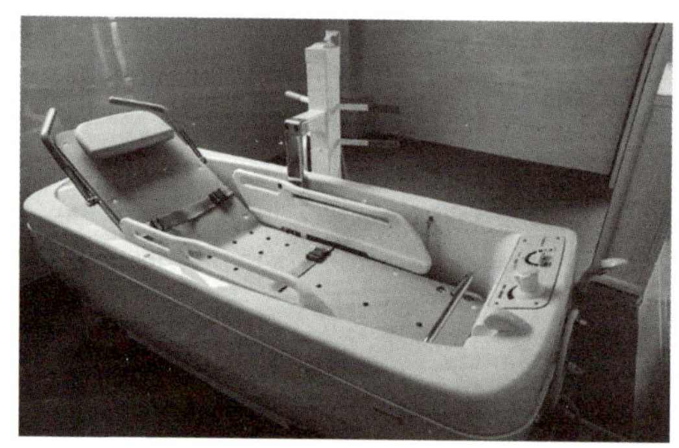

图 4-2　洗澡机

（四）排泄照料

排泄照料主要包括协助排便、人工取便、更换一次性纸尿裤、更换尿袋。

1．协助排便

养老护理员应根据老年人的身体状况，协助老年人如厕或在床上排便。协助老年人如厕

时，养老护理员应搀扶或用轮椅推老年人进入卫生间，然后协助老年人背向坐便器站立，叮嘱老年人抓紧坐便器旁边的扶手。养老护理员一只手扶稳老年人，另一只手协助老年人（或由老年人自己）脱下裤子，然后协助老年人在坐便器上坐稳，叮嘱老年人双手扶稳扶手进行排便。排便结束后，协助老年人擦净肛门，搀扶其起身，并为其（或由老年人自己）穿好裤子，冲水后，将老年人搀扶回房间。

如果老年人行走不便，养老护理员应协助老年人在床旁使用坐便器排便，或者在床上排便。老年人在排泄结束后，养老护理员应注意观察排泄物的颜色、性状和排泄量等，发现异常时应及时通知医务人员。

2. 人工取便

人工取便是指用手指取出滞留在直肠内的粪便。若老年人患顽固性便秘，且使用各种通便方法仍无法排出粪便，养老护理员可进行人工取便，使老年人摆脱便秘困扰。人工取便前，养老护理员应评估老年人的健康状况，仔细询问和观察老年人有无痔疮、肛裂等情况；人工取便时，养老护理员应动作轻柔，随时观察老年人的反应，若老年人出现面色苍白、出冷汗等情况，则应立即停止操作，必要时通知医务人员。

3. 更换一次性纸尿裤

养老护理员应根据老年人的体型为其选择尺寸合适的一次性纸尿裤。为老年人更换一次性纸尿裤时，养老护理员应动作轻柔，同时还应注意防止老年人坠床。

4. 更换尿袋

更换尿袋时，养老护理员应检查留置的导尿管有无滑脱情况。为防止尿液反流，养老护理员在打开尿袋引流管上的开关时，应确保尿袋低于老年人的膀胱；在移动老年人时，应将引流管上的开关关闭。

（五）体位转移照料

体位转移照料主要包括床上体位转换、床与轮椅转移、平车搬运。

1. 床上体位转换

床上体位转换是指老年人在床上时，将其身体从一种姿势转换到另一种姿势，主要包括仰卧位转换为侧卧位、侧卧位转换为仰卧位、仰卧位转换为坐位。

（1）仰卧位转换为侧卧位。其具体操作如下：养老护理员双手分别放在老年人身体一侧的肩部、髋部，协助老年人呈侧卧位，然后在其背部放入楔形垫或软枕，在其小腿中部垫上软枕。

（2）侧卧位转换为仰卧位。其具体操作如下：养老护理员在移除老年人背部的楔形垫和软枕后，双手分别放在老年人的肩膀和髋部，协助老年人呈仰卧位，再环抱老年人臀部，将其移至床中线。

（3）仰卧位转换为坐位。其具体操作如下：养老护理员协助老年人由仰卧位转换为侧卧位，然后以靠近床铺一侧的肘臂为支点，帮助老年人撑起上半身，再托起其颈肩部协助其缓慢坐起，使其双腿屈膝坐稳。

2．床与轮椅转移

将老年人由床上转移至轮椅上时，养老护理员应先协助老年人坐于床沿，将轮椅置于老年人坐起后的健侧，与床成 30°～45° 夹角时固定；养老护理员膝部抵住老年人患侧膝部，双臂环抱老年人腰部或双手提起老年人的腰带，然后挺直后背并向后仰，使老年人呈站立位；养老护理员缓慢转身，当老年人的臀部正对轮椅时，将老年人轻轻放在轮椅上；在老年人后背及患侧上肢下放软枕；系好安全带；将老年人的双脚放于脚踏板上。将老年人由轮椅上转移至床上时，按照逆向顺序操作即可。

3．平车搬运

根据老年人的体重和配合程度，单人或双人将老年人移至平车（见图 4-3）上。单人移动时，应先协助老年人屈膝，一只手臂自老年人腋下伸至其对侧肩部的外侧，另一只手臂伸至老年人大腿下，并提醒老年人双臂交叉放于养老护理员的颈后（老年人单臂等特殊情况除外），然后将老年人移至平车上。

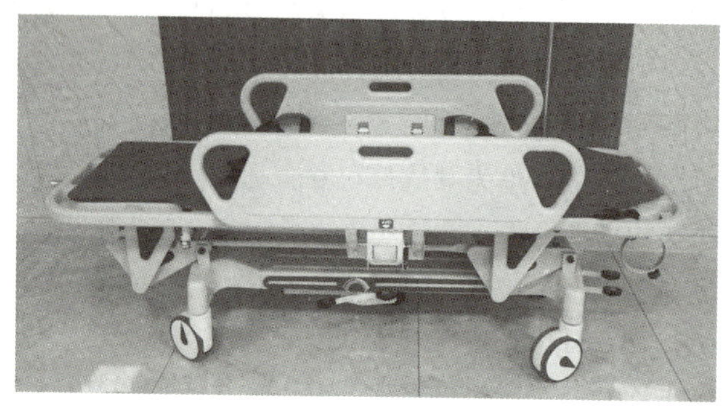

图 4-3　平车

双人移动时，两人站在床的同侧，其中一人一只手托住老年人的颈肩部，另一只手托住老年人的腰部，另一人一只手托住老年人的臀部，另一只手托住老年人膝盖下部，两人合力将老年人移至平车上。

二、生活照料服务质量管理

生活照料服务质量管理是提高生活照料服务水平的重要手段。养老机构应健全生活照料服务制度、建立生活照料服务管理体系，以保障生活照料服务质量。

（一）健全生活照料服务制度

养老机构应通过建立生活照料服务规范、明确不同岗位的具体职责等，健全生活照料服务制度。

1．建立生活照料服务规范

（1）建立分级照护标准。养老机构应建立入院评估制度，对老年人的身心状况进行评估，并根据评估结果确定老年人的照护等级。如果老年人在入住期间身心状况发生变化，则应重

新评估其身心状况，并根据评估结果确认是否需要变更照护等级。

（2）签订服务协议。养老机构应与老年人或其代理人签订服务协议。服务协议主要包括以下内容：① 养老机构的名称、地址、法定代表人或主要负责人；② 老年人或其代理人和紧急联系人的姓名、住址、身份证号码、联系方式；③ 照护等级和服务内容、服务标准；④ 收费标准和费用支付方式；⑤ 服务期限和服务场所；⑥ 协议变更、解除与终止的条件；⑦ 暂停或终止服务时老年人的安置方式；⑧ 违约责任和争议解决方法。

（3）制定服务流程和服务规范。养老机构应对其提供的所有生活照料服务制定明确的服务流程和服务规范，并且确保服务流程和服务规范符合相关标准。

2．明确不同岗位的具体职责

养老机构应明确所有岗位的具体职责，以便养老护理员熟知自己的工作任务、岗位权限和应承担的责任。

同步案例

养老机构护理分级与服务规范

建立分级护理标准和服务规范有利于提升照护服务质量，让老年人享受个性化的照护服务，同时也为照护服务收费提供了依据。为充分发挥标准化对养老和家政服务行业的战略引领作用，各地相继制定了养老机构护理分级与服务规范。例如，浙江省制定的《养老机构护理分级与服务规范》（DB33/T 2267—2020）将老年人护理分为三级、二级、一级、特级护理 1（特 1）、特级护理 2（特 2）、特级护理 3（特 3）、专需护理 7 个级别，并给出了不同护理级别的分级依据。

其中，护理等级最低的三级护理对象须符合下列条件：① 年龄在 80 周岁以下；② 老年人能力完好，包括日常生活完全自理，精神状态、感知觉和沟通、时间/空间定向、人物定向、社会参与等能力完好；③ 能参加力所能及的工作和劳动。

护理等级最高的专需护理对象须符合下列条件之一：① 存在不同程度认知功能障碍，医疗诊断为阿尔茨海默病，无身体攻击行为，无特殊麻烦行为；② 有异常行为，影响他人的日常生活，需要专人护理；③ 属于留置鼻饲管、留置导尿管、膀胱造瘘、胃肠道造瘘中的任一情况；④ Ⅲ度以上压疮；⑤ 经医师确认可以入住养老机构的气管切开者；⑥ 其他非老年人身心原因，经双方商定需要专人护理者。

此外，该《养老机构护理分级与服务规范》还对分级护理基本服务和各级护理规范做出了明确规定。例如，对于三级护理，养老机构除需要提供基本服务外，还应提供以下服务：① 每日巡视房间 2 次，及时了解老年人的身心变化，为老年人提供咨询、指导服务；② 引导老年人树立健康的生活观念，做好个人卫生，保持床铺及个人物品整洁；③ 鼓励老年人积极参与娱乐、健身、学习等活动；④ 原则上，老年人健康档案每个季度记录 1 次，但是如果老年人的健康状况发生变化，则应及时记录。

（二）建立生活照料服务管理体系

1. 建立检查制度

养老机构应制订日、周、月、季度和年度生活照料服务质量检查计划和方案，包括检查的内容、方法、步骤、要求与检查人员安排、生活照料服务质量评判标准、奖惩措施等，并将检查结果纳入养老护理员的绩效考核中。

养老机构使用的生活照料服务质量检查方法主要有日常检查、随机抽查、召开座谈会、开展专项调查 4 种。

（1）日常检查。检查人员每日对自理区、半自理区和护理区进行检查，重点检查容易出现问题的环节，并且在发现问题后及时通知相关人员解决。

（2）随机抽查。除日常检查外，养老机构还应组织检查人员对自理区、半自理区和护理区随机抽查，或者根据以往的检查情况有重点地抽查。

（3）召开座谈会。老年人是生活照料服务的享受者，对生活照料服务质量的评价比较客观。养老机构可通过定期召开老年人座谈会，了解老年人对生活照料服务的评价，评价内容包括养老护理员的服务态度、技术水平、职业素养、亲和力等。

（4）开展专项调查。养老机构可通过开展专项调查，了解养老护理员的技能水平、对生活照料服务制度的执行情况、老年人对生活照料服务的满意度等。

除主动检查外，养老机构还应建立投诉渠道，开通投诉热线和设立意见箱，以便获得更为真实的生活照料服务质量信息。

课堂互动

2～3 人一组，讨论上述生活照料服务质量检查方法的特点和适用场合。教师随机选择几名学生，让其分享讨论结果。

2. 设计质量管理表格

养老机构应根据老年人提供的生活照料服务内容、对生活照料服务质量的要求等设计翻身记录表、交接班记录表、巡查表等质量管理表格。

（1）翻身记录表。养老机构应为有压疮风险的老年人建立翻身记录表，养老护理员在交接班时，应检查老年人的皮肤状况并做好记录。

（2）交接班记录表。交接班记录表包括交接班时间、交接班人员、特殊老年人的诊断、基本生命体征、异常情况处理方法及结果等内容。交接班记录表由值班的养老护理员填写。

（3）巡查表。检查人员每日都应对自理区、半自理区和护理区进行检查，同时填写日间巡查表；检查人员以随机抽查、召开座谈会、开展专项调查的方式检查生活照料服务质量时，也应填写相应的巡查表。巡查表应包括老年人的身心状况、突发事件处理情况、床铺整洁程度、居室内的卫生情况等内容。

3．设置生活照料服务质量管理岗位

养老机构应设置生活照料服务质量管理岗位，由生活照料服务质量管理人员对养老护理员的服务进行监督和管理。

三、生活照料服务安全管理

生活照料服务安全管理是生活照料服务管理的重要组成部分。养老机构加强生活照料服务安全管理，可以有效预防和减少老年人可能面临的各种风险，保障老年人的人身和财产安全。

（一）生活照料服务安全管理的基本要求

（1）养老机构应对入住的老年人进行生活照料服务安全风险评估，评估内容包括跌倒、坠床、噎食等。

（2）养老机构应制订针对老年人跌倒、坠床、噎食等生活照料服务安全事故的应急预案，并且至少每半年演练一次。

（3）养老机构应制定生活照料服务安全事故报告程序。

（4）养老机构应至少每半年对生活照料服务安全风险的预防工作评价一次。

（5）养老机构应制订安全教育年度计划，定期对老年人开展生活照料服务安全教育。

（二）跌倒、坠床事故管理

1．跌倒、坠床事故的预防

跌倒、坠床是养老机构中较常见的生活照料服务安全事故。老年人跌倒或坠床后，很容易骨折、伤残甚至死亡。养老护理员应采取以下措施预防老年人跌倒、坠床事故发生：

（1）减少环境中的危险因素。保持地面干燥、无障碍物；室内光线均匀、柔和，避免灯光闪烁；楼梯、走廊、卫生间、浴室内装有扶手。

（2）有跌倒风险的老年人在上下床、行走、如厕时，应由养老护理员协助，或为其配备助行器具。

（3）重点关注有跌倒风险的老年人，并在老年人睡觉前，检查其床边护栏是否拉起。

2．跌倒、坠床事故的处理

养老护理员发现老年人跌倒、坠床后，不要立即将老年人扶起，而应呼唤老年人，以判断其意识是否清醒。

（1）意识不清。若发现老年人意识不清，养老护理员应立即通知医务人员，然后检查老年人的呼吸情况，清理老年人口腔、鼻腔内的异物，保证其呼吸通畅，但是不要轻易挪动老年人。若老年人抽搐，为了避免老年人擦伤、碰伤，应在老年人身下垫柔软的物品，必要时在其口中塞入硬物，但是不要硬掰老年人抽搐的身体。若老年人心跳、呼吸停止，应立即进行胸外心脏按压、人工呼吸等。

（2）意识清醒。若发现老年人意识清醒，养老护理员应询问老年人对跌倒过程的记忆情况、是否有剧烈的疼痛感等，查看老年人有无外伤、出血情况，然后根据情况，判断是否需要通知医务人员。

智能防摔马甲为老年人的健康保驾护航

随着年龄增长，老年人容易患骨质疏松症，导致骨骼脆弱，在外力的作用下易骨折。在我国，每年有几千万 65 岁及以上的老年人意外跌倒，老年人跌倒最容易引起髋部骨折。为了预防和减少老年人因摔倒而导致受伤的情况发生，某养老集团为其旗下数十家养老机构中有需要的老年人配备了一款“黑科技”神器——智能防摔马甲。

老年人穿戴智能防摔马甲后，该马甲能够通过其内置的传感器和微处理器记录并分析老年人实时的运动姿态，能精准识别老年人摔跤，并在 0.18 秒内打开气囊，对老年人的头部、前胸、后背、肩胛骨、颈椎、髋关节进行保护，从而保障老年人的安全。与此同时，智能防摔马甲的 App 客户端会立即报警，发送位置通知，方便养老护理员及时赶到老年人身边。

（三）噎食事故管理

1. 噎食事故的预防

噎食是指食物堵住咽喉，会导致老年人窒息或死亡。养老护理员可采取以下措施预防老年人噎食：

（1）为有噎食风险的老年人提供适合其身体状况的膳食，如流食、软食。

（2）让有噎食风险的老年人在养老护理员视线范围内进食，或由养老护理员协助其进食。

（3）指导老年人保持正确的体位（坐位或者半卧位）进食，并且叮嘱老年人在进食结束后保持进食体位 20～30 分钟，以防食物反流。

2. 噎食事故的识别与处理

（1）识别噎食事故。老年人在进食过程中若出现下列异常情形，可能发生了噎食：① 突然不能说话，同时出现痛苦的表情；② 嘴唇青紫，面色青白，目光发直；③ 不由自主地用手按住颈部或用手拍打胸口；④ 出现剧烈咳嗽，呼气时有哮鸣音。

拍背法

（2）选择合适的急救方法。老年人发生噎食时，养老护理员可使用海姆立克急救法、拍背法等施救。其中，海姆立克急救法分为立位腹部冲击法（见图 4-4）和仰卧位腹部冲击法。

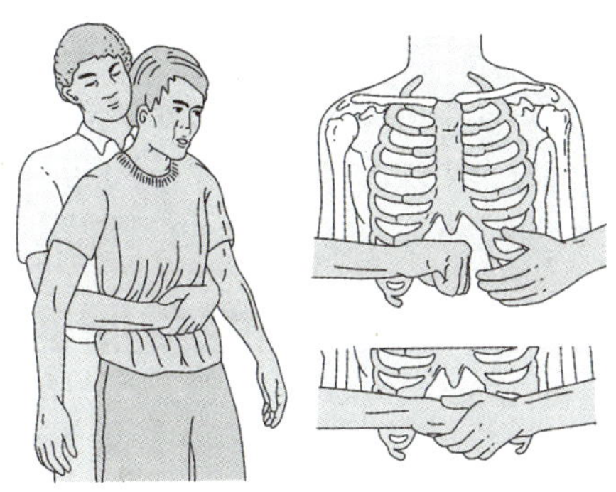

图 4-4　立位腹部冲击法

使用立位腹部冲击法对噎食老年人进行急救时，养老护理员应先以前腿弓、后腿蹬的姿势站稳，身体略前倾，双臂分别从老年人的腋下伸出并环抱老年人，一只手握拳并以拇指侧抵住老年人腹中线上方（远离剑突处），另一只手从前方握住握拳的那只手，然后用力快速向内、向上冲压 6～8 次，造成人工咳嗽，反复冲压，直到排出异物。

（3）监测老年人的生命体征。噎食风险解除后，养老护理员还应检查老年人口腔、鼻腔内的异物是否全部清除，并对其生命体征进行监测。

任务实施

案例描述：

周爷爷在某养老院接受生活照料服务。某日，清洁工刚拖完地，地面湿滑，周爷爷在其房间内不慎跌倒。同住的老年人发现后按下紧急呼叫铃。护理部主任听到呼叫铃后，放下手中的工作，冲向周爷爷的房间，所幸周爷爷并无大碍。

近两个月，护理部主任接到许多关于生活照料服务质量的投诉电话。老年人及其家属反映的问题主要包括以下几个方面：① 房间清理不及时，床单、被褥等更换不及时；② 长期卧床的老年人压疮越来越严重；③ 部分养老护理员服务态度不佳，在照料老年人时动作粗暴。

针对近期发生的各种事件，该养老院准备采取一系列措施，以提升养老院的生活照料服务质量。

实施要求：

（1）学生自由分组，每组 3～5 人，从中选出一名组长。

（2）小组成员结合案例描述，分析下列问题：① 跌倒事故发生后，应如何处理？② 该养老院应如何健全生活照料服务制度？③ 该养老院应如何建立生活照料服务管理体系？

（3）组内成员达成一致意见后，由组长在课堂上分享分析和讨论结果。教师还可以根据各小组的分享内容设置问题，引导学生深入思考。

任务二　养老机构膳食服务管理

任务导入

让老年人吃出“幸福味”

老年人的消化能力普遍减弱，为满足老年人的膳食需求，T养老中心构建了全方位的膳食服务体系，让老年人的膳食更加安全、有营养。

要保证膳食安全、有营养，首先要确保原料安全。T养老中心所使用的原料均由大型供应商集中配送，来源可追溯，安全有保障。

在食谱编制方面，T养老中心聘请临床营养师为老年人进行膳食评估和编制食谱，并与某餐饮服务团队合作，由该团队负责膳食的制作。针对不同老年人的身体状况和生活习惯，T养老中心的餐厅除了为普通老年人提供种类多样的膳食外，还提供软食、流食等特殊膳食，并且每日上午和下午时段为老年人提供点心、水果、酸奶等食品，满足了老年人少食多餐的需求。

为保证食品安全，T养老中心的厨房实行封闭式管理，除后厨人员外，其他人员未经允许，不得进入厨房。T养老中心还在厨房内安装了摄像头，24 h监控厨房内的安全卫生状况，不定期检查厨师的工作情况。

此外，T养老中心的每层楼内都设有宽阔的就餐空间，可供老年人以自助餐的形式享用美食。一层餐厅内设有包间，供老年人和其家属聚餐时使用。

思考：

（1）养老机构应如何进行食谱管理？

（2）养老机构应如何进行食品安全管理？

（3）养老机构应如何进行餐厅卫生与服务管理？

一、食谱管理

（一）配餐的基本要求

随着年龄的增长，老年人的器官功能会出现不同程度的衰退。器官功能衰退会影响老年人摄取、消化食物和吸收营养物质的能力，容易使老年人出现营养不良、贫血、骨质疏松、

体重异常等问题。养老机构以促进营养均衡、促进健康、预防疾病为原则进行配餐，在一定程度上能避免上述问题的发生。具体来说，养老机构的配餐应满足以下基本要求：

（1）食物多样、搭配合理，符合平衡膳食要求。养老机构应为老年人提供谷薯类、蔬菜、水果、畜禽类、鱼类、蛋类、奶类和豆类食物，确保老年人平均每日摄入不少于 12 种食物。

（2）能量供给与机体需要相适应。养老机构应帮助老年人养成食不过量的饮食习惯。由于部分高龄老年人和身体虚弱的老年人食量较小，因此养老机构应注意为这些老年人增加餐次，可采用三餐两点制。同时，养老护理员应鼓励老年人坚持每日活动，督促其通过活动实现能量摄入和消耗平衡，维持健康体重。

小贴士

三餐两点制中的“三餐”是指早餐、午餐和晚餐，“两点”是指在上午和下午安排老年人吃少许点心。采用三餐两点制可以减轻老年人胃肠道的负担，促进新陈代谢。

（3）保证优质蛋白质、矿物质、维生素的供给。奶类、豆类食物是优质蛋白质、矿物质的重要来源，养老机构应为老年人多提供这类食物。此外，养老机构还应为老年人提供足量的新鲜蔬菜和水果，以满足老年人对维生素的需求；营养师在配餐时，应注意多选择深色蔬菜，如油菜、青菜、菠菜、紫甘蓝等。

（4）食物细软、易消化。老年人牙齿多有松动或脱落情况，咀嚼功能下降，他们不宜食用坚硬、不易消化的食物。因此，养老机构在为老年人烹制食物时，应将食材切小、切碎，通过炖、煮、蒸、烩、烧等烹饪方式，改变食材的质地。对于咀嚼不便、不能进食大块食物、消化功能欠佳的老年人，咀嚼或吞咽功能受损且消化功能减退的老年人，以及极度虚弱、无力咀嚼食物、病情危重的老年人，养老机构应分别为他们提供软质饮食、半流质饮食和流质饮食。

软质饮食、半流质饮食和流质饮食

（5）食物清淡，注意卫生。应选择新鲜的食材进行烹饪，并且在烹饪过程中尽可能保留食材的天然味道，减少油的使用量，避免加入过多的盐、糖、辣椒等调料，以培养老年人清淡膳食的习惯。

（6）补充必要的营养素。当食物摄入无法满足老年人对营养的需求时，如老年人对多种食物中的蛋白过敏，则养老机构应在营养师或医师的指导下，为老年人提供合适的特殊医疗配方食品，并将其作为该老年人基本膳食的补充。

（二）食谱的编制与调整

完整的食谱包括主食和副食的名称、所用原料的名称和数量、烹饪方法、营养成分、营养价值等。养老机构应结合老年人的身体状况、地域特点、民族宗教习惯等因素编制食谱。

食谱的编制方法主要有营养成分计算法和食品交换份法。按营养成分计算法编制食谱的步骤如下。

1．确定每日能量供给量

《老年人膳食指导》（WS/T 556—2017）中规定，65～79 岁轻度体力劳动男性每日能量供给量为 2 050 kcal，女性为 1 700 kcal。80 岁以上轻度体力劳动男性每日能量供给量为 1 900 kcal，女性为 1 500 kcal。

2．计算产能营养素每日应提供的能量和每日需要量

蛋白质、脂类和碳水化合物三大产能营养素是人体能量的主要来源，占人体总能量的比例应适当。一般情况下，蛋白质、脂类、碳水化合物依次占总能量的 10%～15%，20%～30%，50%～65%。计算出三大产能营养素每日应提供的能量后，再根据食物中产能营养素氧化分解产生的能量，计算出老年人对蛋白质、脂类、碳水化合物的每日需要量。

3．计算每餐产能营养素的需要量

若采用三餐制，则每餐摄入食物的能量占全天摄入食物总能量的比例分别为早餐 30%、午餐 40%、晚餐 30%；若采用三餐两点制，则每餐摄入食物的能量占全天摄入食物总能量的比例分别为早餐 20%～25%，上午加餐 5%～10%，午餐 30%～35%，下午加餐 5%～10%，晚餐 25%～30%。

4．确定主食、副食的种类和数量

主食和副食的种类应根据老年人的营养需求和饮食习惯来确定。确定主食和副食的种类后，还需要根据《中国食物成分表》，确定每餐各类食物的食用量。下面介绍早餐、午餐和晚餐的食物种类和选择原则。

（1）早餐。早餐一般有牛奶、豆浆、稀饭、馒头、包子、面包、鸡蛋、面条、粉条等。早餐的选择原则是干湿结合。

（2）午餐和晚餐。午餐和晚餐的主食是米饭和面食，副食是肉类食物、蛋类食物、豆制品、蔬菜等，副食的选择原则是种类多样、荤素结合、干湿结合、避免重复。

5．确定烹调时油的用量

计算出每餐中脂类的总含量后，用每餐脂类的需要量减去每餐中脂类的总含量，再根据不同类型油的脂肪含量，计算出烹调时油的用量。

6．食谱的评价与调整

根据《中国食物成分表》，初步核算所编制的食谱中能量和三大产能营养素的含量，并将其与计算出的产能营养素需要量进行比较。如果相差在 10%左右，则认为所编制的食谱合乎要求；否则，应更换食物的种类或增减食物的数量。

确认所编制的食谱合乎要求后，还应对食谱进行评价。食谱的评价内容包括但不限于以下内容：① 三餐的能量摄入分配是否合理；② 早餐中的蛋白质含量是否达到相应要求；③ 各类食物的数量是否充足；④ 每日的能量和营养素摄入是否充分；⑤ 是否做到了食物种类多样；⑥ 三大产能营养素的供给比例是否合理。

食谱宜每周调整一次。此外，养老机构还应根据老年人的疾病情况为其提供特殊膳食。特殊膳食包括匀浆膳食（见图 4-5）、低嘌呤膳食、低盐膳食、糖尿病患者膳食、肾病患者膳食等。

图 4-5　匀浆膳食

用营养成分计算法编制老年人食谱

1．确定每日能量供给量

养老机构根据韩爷爷的年龄、性别、身体活动水平和《老年人膳食指导》（WS/T 556—2017）中的规定，将其全天能量供给量设计为 1 900 kcal。

2．计算产能营养素每日应提供的能量和每日需要量

如果蛋白质、脂类和碳水化合物的能量分别占总能量的 15%，25%，60%，则应提供的能量如下：

蛋白质：1 900×15%=285 kcal

脂类：1 900×25%=475 kcal

碳水化合物：1 900×60%=1 140 kcal

食物中产能营养素氧化分解产生的能量如下：1 g 碳水化合物产生能量 4 kcal，1 g 脂类产生能量 9 kcal，1 g 蛋白质产生能量 4 kcal。三大产能营养素的每日需要量如下：

蛋白质：285÷4≈71 g

脂类：475÷9≈53 g

碳水化合物：1 140÷4=285 g

3．计算每餐产能营养素的需要量

若三餐能量供给分别为早餐 30%、午餐 40%、晚餐 30%，则早、中、晚三餐需要摄入的三大产能营养素的需要量如下：

（1）早餐。蛋白质：71×30%≈21 g；脂类：53×30%≈16 g；碳水化合物：285×30%≈86 g。

（2）午餐。蛋白质：71×40%≈28 g；脂类：53×40%≈21 g；碳水化合物：285×40%=114 g。

（3）晚餐中蛋白质、脂类、碳水化合物的需要量与早餐中的相同。

4．确定主食、副食的种类和数量

以早餐为例，确定主食、副食的种类和数量。根据前面的计算可知，早餐中应有碳水化合物 86 g，假设以小米粥和馒头为主食，它们分别提供 20%和 80%的碳水化合物。查《中国食物成分表》可知，每 100 g 小米粥含碳水化合物 8.4 g，每 100 g 馒头（富强粉）含碳水化合物 50.9 g，则可计算出所需小米粥的重量为 86×20%÷（8.4÷100）≈205 g，所需馒头的重量为 86×80%÷（50.9÷100）≈135 g。即早餐中的主食为小米粥 205 g，馒头（富强粉）为 135 g。

查《中国食物成分表》得知，每 100 g 小米粥含蛋白质 1.4 g，每 100 g 馒头（富强粉）含蛋白质 7.1 g，205 g 小米粥中的蛋白质含量为 205×（1.4÷100）≈3 g，135 g 馒头（富强粉）中蛋白质的含量为 135×（7.1÷100）≈10 g，则主食中含有的蛋白质总量为 3+10=13 g，应由副食提供的蛋白质总量为 21−13=8 g。

假设蛋白质的 2/3 由动物性食物供给，1/3 由豆制品供给。动物性食物选择鸡蛋，豆制品选择豆腐干。查《中国食物成分表》得知，每 100 g 鸡蛋（土鸡蛋）含蛋白质 14.4 g，鸡蛋可食部分为 88%；每 100 g 豆腐干（卤干）含蛋白质 14.5 g，则可计算出韩爷爷所需鸡蛋的量为 8×2/3÷（14.4÷100）÷88%≈42 g，所需豆腐干（卤干）的量为 8×1/3÷（14.5÷100）≈18 g，即早餐中的副食为鸡蛋 42 g、豆腐干 18 g。

二、个人卫生管理

一切接触食物的工作人员都必须认真贯彻落实个人卫生管理要求。下面围绕餐厅工作人员（包括备餐人员、食物加工人员、送餐人员），介绍个人卫生管理的基本要求，具体内容如下：

（1）餐厅工作人员应养成良好的个人卫生习惯，在工作时穿工作服，戴工作帽、口罩和手套，工作帽应包裹住全部头发。

（2）餐厅工作人员不应留长指甲、涂指甲油，不能佩戴任何饰物，不宜化妆。

（3）餐厅工作人员在开始工作时应洗净双手，在加工制作过程中应保持双手清洁，在便后和用餐、饮水后应立即洗手，并且在加工制作不同类型的食物前应重新洗净双手。

（4）餐厅工作人员不得用嘴品尝锅铲上的食物，不得在食物或食器附近咳嗽、吐痰、打喷嚏等。

三、食品安全管理

食品安全与老年人的身体健康和生命安全息息相关。下面将从食品安全管理的基本要求、食品留样管理、食物中毒预防、误食与食物中毒事故处理 4 个方面，介绍养老机构的食品安全管理。

（一）食品安全管理的基本要求

（1）提供膳食服务的养老机构应持有食品经营许可证。

（2）膳食服务从业人员应持有效健康证明、经过培训且考核合格。

（3）提供膳食服务的养老机构宜配备专职或兼职营养师。

（4）膳食服务由外部膳食服务供应商提供时，该供应商须具备相应资质，养老机构应与其签订外包协议，明确相应的职责、权利和义务。

（二）食品留样管理

养老机构餐厅和外部膳食服务供应商应建立食品留样备查制度，对每餐次加工制作的每种食品进行留样。食品留样备查制度主要包括下列内容：

（1）留样食品种类齐全，每种食品不应少于 125 g。

（2）留样食品应按照品种分别盛放于清洁消毒后的密闭专用容器内，并在专用容器上标注食品名称、留样时间（月、日、时），或者标注与留样记录相对应的标识。

（3）将留样容器放置于温度为 0～4 ℃的恒温设备内，留样食品的储存时间不少于 48 h。48 h 后，如进餐者无异常，则可处理留样食品；如有异常，则应立即封存留样食品，然后将其送至食品安全监督管理部门查验。

（4）存放留样食品的设备应为专用设备（见图 4-6），严禁在该设备内存放与留样食品无关的物品。

图 4-6　食品留样专用设备

（5）应由专人管理留样食品、记录留样情况，记录内容包括留样食品的名称、留样时间（月、日、时）、留样人员等。

（三）食物中毒预防

为预防食物中毒，膳食服务单位在采购、储存、加工和供餐过程中应采取下列措施：

（1）把好原料选用关。所选用的原料应新鲜、卫生，应每日检查易腐败变质的原料，坚决不用变质、腐烂、有毒、有害的原料。在采购和入库环节，均应对原料和与食品相关的其他产品进行查验，包括查看合格证、检疫章、生产日期、有效期、保质期等。

（2）避免污染。食品存储场所和存储设备应清洁，无霉斑、鼠迹、苍蝇、蟑螂等，不得在食品存储场所储存有毒、有害物品及个人生活用品。食品原材料、半成品、成品在盛放、储存时相互分开，生食与熟食应当有分隔措施、固定的存储位置和标识。肉类、水产品、蛋类等易腐食品应按储存标准采用冷藏、冷冻或常温等方式分类储存。遵循先进、先出、先用的原则使用食品，定期检查储存的食品，及时清理变质或者超过保质期的食品。

（3）控制温度和时间。应采取合理的温度控制措施杀灭食品中的病原菌，或者控制致病菌的生长繁殖。例如，制作需要烧熟煮透的食品时，食品的中心温度应达到 70 ℃以上。此外，还应尽量缩短食品的存放时间，当餐加工制作的食品当餐食用完。

（4）清洗和消毒。直接入口的食品应当使用无毒、清洁的包装材料、餐具、容器。供餐过程中应使用专用的容器、餐具，使用前进行清洗、消毒并保持清洁。餐具、盛放或接触直接入口食品的容器等在使用前应消毒，消毒后的餐具、容器宜沥干、烘干，定位存放在专用的密闭保洁设施内。

课堂互动

2～3 人一组，讨论下列问题，教师随机选择几名学生，让其分享讨论结果：

（1）为避免浪费，某养老院餐厅每餐会随机选择几样食品进行留样。该餐厅的做法是否正确？

（2）某养老中心餐厅会定期检查储存的食品，但是每次检查时，都会发现大量即将过期的食品。该餐厅出现上述问题的原因可能有哪些？

（四）误食与食物中毒事故处理

1. 误食事故的处理

（1）发生误食事故时，应让老年人立即停止进食，然后了解误食的原因，弄清楚误食的食品、药物的名称和数量。

（2）检查老年人的身体状况，监测老年人的血压、呼吸、脉搏等生命体征，观察老年人是否存在呕吐、头晕、抽搐等情况。

（3）若发现老年人误食有害食品或药物，应立即对老年人进行催吐，并将老年人送往医

院进一步检查。

（4）保护事故现场，将误食的食品、药物封存备查。

2. 食物中毒事故的处理

如果多位老年人在用餐后出现呕吐、腹痛、腹泻等症状，则可能是发生了食物中毒。若发现疑似食物中毒事故，应及时报告上级领导并拨打 120 急救电话。此时，养老机构的医务人员应积极采取初步救治措施，抢救食物中毒人员。餐厅工作人员应封存剩余的可疑食品及原料，保护好事故现场和食品留样，等待食品安全监督管理部门处理。

食物中毒事故发生后，养老机构应积极配合相关部门进行事故调查，做好中毒人员的安抚、善后处理等工作。

D 敬老院开展食物中毒应急演练

夏季是食物中毒事故高发期。为提高工作人员的应急处理能力，D 敬老院联合乡民政办、市场监督管理所、乡卫生院，开展食物中毒应急演练活动。

下午 3 点，演练开始。两位老人在午饭后出现呕吐、腹泻、头晕等症状，养老护理员发现后立即向院长汇报情况，然后通知本院医务人员赶往事故现场，并拨打 120 急救电话。院长拨打电话通知乡民政办和市场监督管理所。本院医务人员到场后，先对老人进行催吐急救。救护车到达后，由乡卫生院医务人员进行紧急救治后，将老人送往医院进行进一步检查。

与此同时，在发现两位老人出现中毒症状后，D 敬老院立即启动了食物中毒应急预案。应急小组工作人员封闭餐厅，拉起警戒线，做好食品留样、餐具封存等工作。随后，市场监督管理所的工作人员检查现场，对留样食品进行快检，查找食物中毒原因，并将检查结果反馈给疾控部门。

在本次演练中，D 敬老院、乡民政办、市场监督管理所、乡卫生院联合行动，全方位呈现应急工作流程，提高了相关部门、机构和人员对食物中毒事故的应急处理能力。

四、餐厅卫生与服务管理

餐厅卫生与服务管理主要包括环境卫生管理、厨房用具与设施设备卫生管理和餐厅服务管理。

（一）环境卫生管理

环境卫生管理的基本要求如下：

（1）餐厅地面干燥、清洁，无油渍、卫生死角和杂物。

（2）食品烹饪结束后，餐厅工作人员应将炉灶、配菜台、橱柜等清理干净。

（3）餐厅的地面、天花板、墙壁和门窗要坚固，所有孔洞、缝隙应填实密封，以免蟑螂、老鼠等进入。

（4）及时清理垃圾桶中的垃圾，定期清洗垃圾桶。

（二）厨房用具与设施设备卫生管理

厨房用具与设施设备卫生管理的基本要求如下：

（1）餐具经清洁消毒后才能使用，不洁餐具应退回洗碗间重洗。

（2）保持食品容器清洁，在每次使用完盛菜的盆、筐后，都应将其及时清洗干净。

（3）保持厨具清洁并定期进行消毒。每日使用厨具后，应对其进行洗涤、擦拭。

（4）洗菜、洗碗所用的水池应每日擦拭，确保水池表面清洁、无污渍，下水口无虫害。

（5）抽油烟机及排风管道等设备应定期清洗，确保表面无油垢，防止引起火灾。

（6）设专人管理冰箱，定期擦洗冰箱并对其进行消毒，以减少细菌滋生。

（三）餐厅服务管理

餐厅服务管理的基本要求如下：

（1）每日供餐或送餐的时间应相对固定，使老年人能够规律地用餐。

（2）每日对餐厅工作人员的个人健康和卫生情况进行检查。患有发热、腹泻、咽部炎症等疾病及皮肤有伤口或感染的餐厅工作人员，应暂停从事接触直接入口食品的工作。此外，餐厅工作人员在个人卫生达标后才能上岗。

（3）备餐时，应核对菜单和有特殊需求的膳食，检查餐具的数量是否正确，严格按照食谱规定的数量分装膳食，并将分装好的膳食运送到相应房间或用餐区域。

（4）膳食应在合适的温度条件下储存和运送。应在餐车上安装热藏和冷藏设备，并在每次配送完毕后，对餐车进行清洗和消毒。

（5）用餐结束后，餐厅工作人员应将餐厅和后厨中的废弃物分类放置、及时清理。

任务实施

案例描述：

某养老院内部设有餐厅，餐厅内有两名专职厨师和两名帮工。该餐厅供应的早餐通常是稀饭和馒头，午餐通常是两道荤菜、两道素菜、一道汤，晚餐通常是一道荤菜、两道素菜。一些老年人反映可供选择的菜品太少，且经常吃到烂菜叶。某天，院长去餐厅视察工作，发现厨师在操作期间未戴厨师帽，并且备用餐具上积满了油垢。

实施要求：

（1）学生自由分组，每组 3～5 人，从中选出一名组长。

（2）小组成员结合上述案例描述，分析下列问题：① 该养老院的食谱可能存在哪些问

题？② 该养老院应如何满足老年人的膳食需求？③ 该养老院应如何加强餐厅工作人员的个人卫生管理？④ 该养老院应如何加强食品安全管理？

（3）组内成员达成一致意见后，由组长在课堂上分享分析和讨论结果。教师还可以根据各小组的分享内容设置问题，引导学生深入思考。

任务三　养老机构医疗护理服务管理

任务导入

打造医养结合示范院　让老年人生活有“医”靠

为了更好地为老年人提供医疗护理服务，广东省广州市一家五星级养老机构在其邻侧建设了一家综合医院。该医院设有护理门诊、呼吸内科、消化内科、内分泌代谢科、老年病科、神经内科、泌尿外科、皮肤科、放射治疗科、超声诊断科、康复理疗科等科室，能够为入住的老年人及周边群众提供医疗、保健、康复等服务。

为何这家五星级养老机构如此重视医疗护理服务？该养老机构负责人说：“前来养老机构考察的老年人都很看重医疗护理服务，有些老年人甚至将医疗护理服务质量作为选择养老机构的决定性因素。如果养老机构的医疗护理服务质量差，即使其他服务再好，他们也不会入住。”

年过七旬的刘奶奶看中的正是这家五星级养老机构优质的医疗护理服务。不久前，刘奶奶的老伴不小心摔了一跤，经过及时抢救脱离了生命危险，但从此瘫痪在床。刘奶奶的儿子因工作需要无法长期在家照顾父亲，刘奶奶便独自挑起了照顾老伴的重担。在几个月的时间里，刘奶奶瘦了一大圈，而其老伴因长期卧床且缺乏专业的照顾，出现了压疮。

为了让父亲能够获得优质的医疗护理服务，刘奶奶的儿子决定让父母入住这家五星级养老机构。在对两位老人的生理、心理、认知等方面做了详细评估后，该五星级养老机构组建了一支由医师、护士、康复治疗师、营养师组成的团队，为刘奶奶的老伴提供一体化的医疗护理服务。得益于五星级养老机构高质量的医疗护理服务，刘奶奶的老伴身体状况逐渐好转，压疮在不到半个月的时间内就痊愈了。

（资料来源：汪棹桴，《这家五星级养老院里，还建了一家医院……》，《南方日报》，2020 年 7 月 20 日）

思考：

（1）医疗护理服务包括哪些内容？

（2）养老机构应如何提高医疗护理服务质量？

一、医疗护理服务的主要内容

养老机构的医疗护理服务的主要内容包括预防保健、健康管理、药物管理、协助医疗、常见病和多发病诊疗、院内感染控制等。

（1）预防保健。预防保健是指为预防老年人患病、改善老年人的健康状况所采取的各种技术方法和措施的总称，包括改善环境卫生、帮助接种疫苗、纠正不良行为和不良生活习惯、科普疾病防治和慢性病管理知识等。举办健康知识讲座（见图 4-7）是养老机构提供预防保健服务的一种重要方式。

图 4-7　健康知识讲座

（2）健康管理。健康管理是指对老年人的健康状况及影响老年人健康的危险因素进行全面检测、评估、有效干预、连续跟踪服务的过程，包括分析、评估老年人的健康监测数据，提供健康咨询和指导，对影响老年人健康的危险因素进行干预，等等。

（3）药物管理。需要委托养老机构提供服药管理服务的，应由老年人、老年人家属与养老机构签订服药管理协议。养老机构收取老年人自带药物时，应做好交接记录，填写药物交接记录单，注明药物名称、规格、数量、批号、有效期、生产厂家等信息，并要求提供医嘱或处方，同时查验药物是否包装完整，有无过期、变质情况等。

（4）协助医疗。养老护理员应协助医务人员对患病老年人进行医疗护理，如监测老年人的体温、脉搏、呼吸、血压等生命体征。

（5）常见病和多发病诊疗。老年人常见病和多发病有高血压、糖尿病、阿尔茨海默病、骨质疏松症、关节炎、心脑血管疾病等。医师应详细询问老年人的病史、用药史、过敏史，并且进行必要的体格检查和辅助检查，最后根据问诊和检查结果为老年人诊疗。

（6）院内感染控制。养老机构在日常工作中应以清洁为主，预防性消毒为辅，对养老机构内的所有建筑物、餐具、清洁用品、老年人的衣物和床上用品等进行清洁消毒，合理处理污物、污水，及时对患传染病的老年人或疑似患传染病的老年人进行隔离、治疗。

二、医疗护理服务质量管理

养老机构的内设医疗机构（以下简称“医疗机构”）应设立医疗护理质量管理部门、建立医疗护理服务管理规章制度、持续提高医疗护理服务质量。

（一）设立医疗护理质量管理部门

医疗机构应设立医疗护理质量管理部门。二级以上的医疗机构应设医疗护理质量管理委员会。如果医疗机构规模较小，宜设立医疗护理质量管理工作小组。医疗护理质量管理部门的主要职责如下：

（1）贯彻执行与医疗护理质量管理相关的法律法规、规章、规范性文件和管理制度。

（2）制订年度质量控制与实施方案，组织开展医疗护理质量管理与控制工作。

（3）制订医疗护理质量持续改进计划和具体落实措施。

（4）定期对医疗护理质量进行分析和评估，对医疗护理的薄弱环节提出整改措施并组织实施。

（5）对医务人员进行与医疗护理相关的法律法规、规章制度、技术规范、诊疗常规及指南的培训和宣传教育。

（6）按照相关要求报送医疗护理质量管理信息。

（二）建立医疗护理服务管理规章制度

医疗机构应明确医务科、临床诊疗科室、护理部、医疗护理质量管理部门等的职责，明确医师、护士长、护士、药剂师、康复治疗师等岗位的职责，建立健全与医疗护理服务管理相关的工作制度，包括医嘱和处方管理制度、药物管理制度、老年人急救管理制度、病历和护理记录书写规范与管理制度、查房制度、医务人员交接班制度等。

（三）持续提高医疗护理服务质量

医疗机构持续提高医疗护理服务质量的具体措施如下：

（1）制定医疗护理服务满意度监测指标，定期开展老年人满意度调查，不断提升老年人的就医体验。

（2）开展医疗护理全过程成本精确管理，提高医疗护理资源的利用效率。

（3）对医疗护理服务进行定期检查和随机抽查，建立医疗护理服务质量内部公示制度。

（4）对医务人员开展关于医疗卫生管理法律法规、医疗机构管理制度、医疗护理质量管理与控制方法、医疗护理专业技术规范等相关内容的培训和考核。

（5）将医疗护理服务质量作为医务人员考核、晋升的重要依据。

（6）利用信息化手段开展医疗护理服务质量管理与控制，提高医疗护理质量管理水平。

三、医疗护理安全管理

医疗护理安全是指在实施医疗服务的过程中，患者未发生法律法规允许范围之外的心理、机体结构或功能上的损害、障碍、缺陷或死亡。医疗护理安全管理是指为保障医疗护理安全所进行的管理活动。老年人急救管理和医疗差错与医疗事故管理是养老机构医疗护理安全管理的重要内容。

（一）老年人急救管理

为保障老年人的生命安全，养老机构应制订老年人突发疾病应急救护预案，配备专业医务人员，定期组织医务人员进行急救演练。医务人员应熟练掌握急救技术，如止血、包扎、肢体固定、呼吸道异物清除、心肺复苏等；遇到危急情况时，能够进行初步救治。图 4-8 为医务人员正在演示心肺复苏的操作方法。

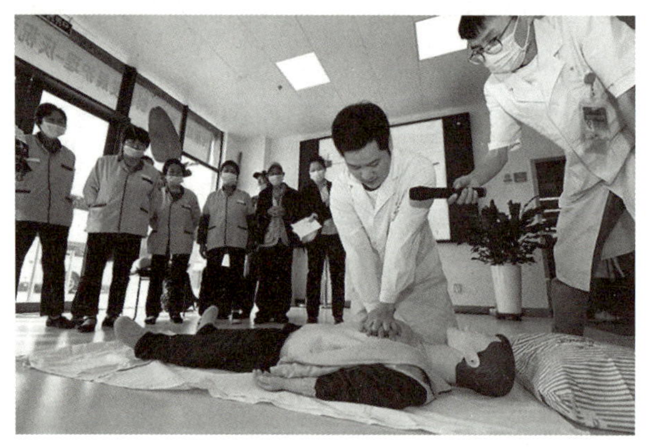

心肺复苏的操作方法

图 4-8　医务人员正在演示心肺复苏的操作方法

在急救过程中，医务人员需要注意以下几点：

（1）进行初步救治时，医务人员应将老年人的具体情况及时告知其家属；如果老年人病情危重，还应与老年人的家属协商沟通，将老年人转送至医院进行治疗。在转送老年人的过程中，养老机构的医务人员应全程陪同。

（2）对老年人进行的初步救治应有详细的记录，记录的内容包括老年人的病情变化、急救时间、急救经过等。

（3）医务人员应秉持生命至上的理念，遇到老年人需要急救时，及时履行救助义务，不得以任何理由拒绝或拖延救助。

养老护理员抓住黄金3分钟成功施救

山东省青岛市H老年公寓的唐奶奶突然休克，生命垂危，所幸养老护理员陈某及时采取急救措施，使唐奶奶转危为安。唐奶奶在医院治疗并且康复后，回到了H老年公寓，她的家属专程到H老年公寓向陈某和其他工作人员表示感谢。

陈某是第一时间发现唐奶奶休克的人。“不害怕是假的，毕竟这是我工作以来第一次遇到的这么紧急的情况。”陈某说。事发当日，陈某正准备给唐奶奶洗澡，但坐在轮椅上的唐奶奶突然浑身瘫软。陈某顿觉情况不妙，立即将唐奶奶平放在床上。此时，陈某发现唐奶奶已经休克，于是立即对唐奶奶进行心肺复苏，并让同事拨打120急救电话。

由于事发突然，近3分钟的胸外按压全部由陈某独自完成。终于，在进行几百次胸外按压后，唐奶奶恢复了呼吸并睁开了眼睛。5分钟后，救护车赶到，唐奶奶被送往医院。经检查，医生认为唐奶奶休克的原因是突发性心搏骤停，陈某及时实施心肺复苏为唐奶奶赢得了宝贵的抢救时间，保住了她的生命。

心搏骤停时最常用的急救方法是心肺复苏。在心搏骤停后的前 3 分钟内实施心肺复苏，患者有近50%的存活率，超过10分钟实施心肺复苏，患者存活的可能性几乎为零。患有心脑血管疾病的老年人休克后，养老护理员应立即对其进行心肺复苏，并拨打120急救电话。

（资料来源：刘笑笑，《88岁老人洗澡时突发休克！养老院护工抓住黄金三分钟成功施救》，《半岛都市报》，2020年9月21日）

（二）医疗差错与医疗事故管理

医疗差错是指在医疗活动过程中，因医务人员的过失行为而使患者受到死亡、残废、组织器官损失和功能障碍以外的一般损害。医疗事故是指在医疗活动过程中，因医务人员诊疗护理过失，直接或间接造成患者死亡、残废，以及组织器官损失致使功能障碍的事故。医疗事故分为责任事故和技术事故，前者是医务人员违反规章制度、诊疗护理常规等失职行为所致的事故，后者是医务人员技术过失所致的事故。

医疗差错与医疗事故的区别在于不是所有的医疗差错都会造成不良后果，但是医疗事故造成的后果通常比较严重，如造成患者死亡、伤残或某方面出现功能障碍。

小贴士

《医疗事故处理条例》第四条第一款规定，根据对患者人身造成的损害程度，医疗事故分为四级：

一级医疗事故：造成患者死亡、重度残疾的；

二级医疗事故：造成患者中度残疾、器官组织损伤导致严重功能障碍的；

三级医疗事故：造成患者轻度残疾、器官组织损伤导致一般功能障碍的；

四级医疗事故：造成患者明显人身损害的其他后果的。

1. 防范医疗差错与医疗事故的措施

（1）医疗机构及其医务人员在医疗活动中，必须严格遵守医疗卫生管理法律、行政法规、部门规章和诊疗护理规范、常规，恪守医疗服务职业道德。

（2）医疗机构应当对医务人员进行医疗卫生管理法律、行政法规、部门规章和诊疗护理规范、常规的培训和医疗服务职业道德教育。

（3）医疗机构应制定并实施医疗质量安全管理制度，加强对医疗工作的规范化管理；应完善医疗风险的识别、评估和防控措施，定期检查措施的落实情况，及时消除医疗安全隐患。

（4）医疗机构应按照医疗技术临床应用管理规定，开展与其技术能力相适应的医疗技术服务，保障医疗技术临床应用安全，降低医疗风险。

（5）医疗机构应按照有关法律法规的规定，严格执行药物、医疗器械、消毒药剂、血液等的进货、查验、保管等制度，禁止使用不合格的药物、医疗器械、消毒药剂、血液等。

（6）医务人员在诊疗活动中应向患者说明病情和医疗措施。开展存在危险性的检查和治疗时，医务人员应及时向患者或其家属说明医疗风险、替代医疗方案等情况，并取得其书面同意。

（7）医务人员应按照国务院卫生行政部门规定的要求填写并妥善保管病历资料。因紧急抢救未能及时填写病历的，医务人员应在抢救结束后 6 h 内据实补记，并加以注明。

（8）医疗机构应建立健全医患沟通机制，对患者在诊疗过程中提出的意见和建议认真研究并给出解决方案和必要的解释说明；对患者就诊疗行为提出的疑问及时予以核实，并与患者或其家属沟通，如实说明情况。

2. 医疗差错与医疗事故的处理流程

医疗机构及其医务人员在处理医疗差错与医疗事故时应遵循公平、公正、及时的原则，实事求是，依法处理。医疗差错与医疗事故的处理流程如下：

（1）发生医疗过失行为时，医疗机构及其医务人员应立即采取有效措施，防止损害扩大。

（2）在医疗活动中发生医疗事故、发现可能引起医疗事故的行为或发生医疗事故争议时，医务人员应立即向其所在科室负责人报告，科室负责人应及时向医疗质量管理部门负责人报告；医疗质量管理部门负责人在接到报告后，应当立即进行调查、核实，将有关情况如实向医疗机构的负责人报告，并向患者通报、解释。

（3）需要进行医疗损害鉴定以明确责任的，由医患双方共同委托医学会或司法鉴定机构进行鉴定，也可以经医患双方同意，由医疗纠纷人民调解委员会委托鉴定。

（4）医疗机构应按照相关规定将医疗事故向其所在地卫生行政部门报告。

（5）发生医疗事故争议时，死亡病例讨论记录、疑难病例讨论记录、医务人员查房记录、会诊意见、病程记录等资料应当在医患双方都在场的情况下封存和启封。对疑似输液、输血、注射、用药等引起不良后果的，医患双方应共同对现场实物进行封存和启封，封存的现场实物由医疗机构保管。需要检验现场实物的，由双方共同委托有资质的检验机构进行检验；双方无法共同委托的，由医疗机构所在地县级人民政府卫生主管部门指定。

任务实施

案例描述：

某养老院内设的医疗机构为老年人提供医疗护理服务。该养老院的宋爷爷患有心脏病，需要每日服用药物。而一直负责照顾宋爷爷的养老护理员离职，新来的养老护理员小王对宋爷爷的情况还不熟悉。某天中午，小王竟误拿了隔壁床老人的药物给宋爷爷服用。不一会儿，宋爷爷脸色发白，满头虚汗。

实施要求：

（1）学生自由分组，每组3～5人，从中选出一名组长。

（2）小组成员结合上述案例描述，分析下列问题：① 医疗护理服务主要包括哪些内容？② 宋爷爷出现不良反应后，小王应该怎样做？③ 从医疗护理服务管理的角度出发，该养老院应怎样做才能有效避免误拿、误服药物的情况再次发生？

（3）组内成员达成一致意见后，由组长在课堂上分享分析和讨论结果。教师还可以根据各小组的分享内容设置问题，引导学生深入思考。

任务四 养老机构康复服务管理

任务导入

康复服务新体验

在Q敬老院内，杜爷爷扶着训练阶梯的扶手，缓慢地挪动着身体。杜爷爷正在做脑卒中后的康复训练，康复治疗师在一旁观察着杜爷爷的动作，不时地进行指导，这让杜爷爷感到很安心。

Q敬老院所在的乡镇卫生院与Q敬老院签订合作协议，通过医务人员主动上门服务和预约服务的形式，为敬老院内政府供养的特困老年人提供康复理疗和保健服务。指导杜爷爷进行康复训练的康复治疗师就是该乡镇卫生院派到Q敬老院值班的医务人员。

在Q敬老院的康复治疗室内，康复治疗师正在为一位老年人做肩颈理疗。据了解，该康复治疗室开展针灸、推拿、拔火罐、刮痧等中医康复服务项目。接受康复治疗的老人乐呵呵地说："我在身体不舒服时就会来康复治疗室。每次做完理疗，我都会感到身体很舒服。"

除了康复治疗室，乡镇卫生院还在Q敬老院内设置了处置室、观察室、康复训练室等功能科室，康复训练室内设有按摩椅、助行器、训练阶梯等康复器材。"康复器材对半失能老年人的帮助非常大，敬老院内的所有老年人都可以到康复训练室锻炼身体。我们敬老院始终坚持以人为本，不断创新管理模式，提升服务水平。接下来，我们将继续探索更多方式，不断满足老年人对康复服务的需求。"Q敬老院的院长说。

思考：

（1）康复服务包括哪些内容？

（2）康复服务管理模式有哪些？

一、康复服务的主要内容

养老机构康复服务的主要内容包括康复训练、心理康复、康复护理、物理因子治疗、康复辅助器具配置、康复知识普及等。

（一）康复训练

康复训练主要包括运动功能训练、生活能力训练、认知功能训练、言语功能训练和社会交往功能训练。

康复服务的好处

1．运动功能训练

康复医师和康复治疗师应对接受运动功能训练的老年人进行功能评定，确定康复训练项目并制订训练计划。养老护理员在康复治疗师的指导下，协助老年人进行步行训练、平衡训练、肌力训练、协调性训练、体位转移训练等。

2．生活能力训练

生活能力训练主要包括穿衣训练、洗漱训练、进食训练和排泄训练。

（1）穿衣训练。穿衣训练包括协助老年人选择宽松、舒适、方便穿脱的衣物。养老护理员应按照先脱后穿的顺序对老年人进行穿衣训练。单侧偏瘫的老年人穿着开襟的衣服时，应先穿患肢，再穿健肢；脱衣时应先脱健肢，再脱患肢。

（2）洗漱训练。进行洗漱训练前，养老护理员应向老年人解释清楚训练的内容、目的、意义、要求，取得老年人的理解和配合。对不能自理的老年人，养老护理员应协助其进行洗浴及每天定时清洁口腔、皮肤，保持头发清洁。

（3）进食训练。养老护理员应协助老年人保持合理的进食体位，选择合适的食物种类和专用饮食器具，鼓励老年人借助特殊进食器具自主进食，并指导老年人学习使用专用器具。养老护理员应协助不能自主进食的老年人完成进食。

（4）排泄训练。养老护理员应协助老年人进行肠道护理和膀胱功能训练。如果老年人在排泄训练时表现出窘迫、焦虑等，养老护理员要及时安慰老年人，并协助其完成排泄训练。养老护理员应鼓励老年人借助辅助器具或润滑剂自主完成排泄训练。

3．认知功能训练

康复医师可根据老年人认知功能障碍的实际情况，为老年人制订认知功能训练计划，由康复治疗师、养老护理员或社会工作者协助老年人开展认知功能训练。养老护理员、社会工作者应通过与老年人交谈或借助图片，通过游戏或利用生活场景，协助老年人开展知觉、记忆、注意力、思维和想象等认知功能的训练。

4．言语功能训练

对于存在语言障碍的老年人，养老护理员、社会工作者应设定更接近于实际生活的模拟环境，鼓励老年人自发交流，并通过与老年人对话、让老年人跟读等方式，协助老年人进行言语功能训练。

5．社会交往功能训练

养老护理员、社会工作者应陪伴老年人参加外出参观等活动，维持老年人的社会交往功能。

（二）心理康复

心理康复包括焦虑、抑郁、恐惧、孤独情绪和睡眠障碍的调整，以及心理创伤的处理、健康心态的培养，等等。对于存在心理问题或心理困扰的老年人，可根据其需求，由具有相关资质的心理咨询师和社会工作者为其提供心理康复服务。

（三）康复护理

康复护理是针对身体受伤或残疾老年人进行的康复治疗。养老机构应围绕老年人的日常生活开展康复护理工作，注意预防继发性功能障碍，维持、改善、提高老年人的身体功能。康复护理包括必要的肢体活动（见图 4-9）、肢体的摆放、体位转移及并发症的预防等内容。养老护理员经康复护理知识和技能培训后，可从事康复护理工作。

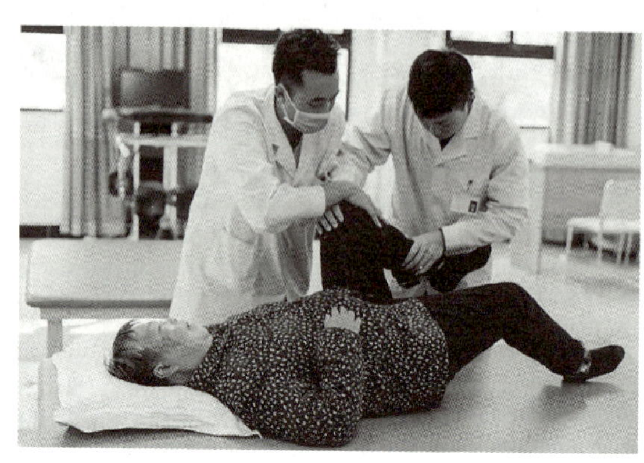

图 4-9　必要的肢体活动

（四）物理因子治疗

物理因子治疗是指应用电、光、声、磁、冷、热、水、力等物理因子对疾病进行治疗。常用的物理因子治疗方法主要包括电疗法、光疗法、超声疗法、磁疗法等。康复医师应按照有关标准的要求对老年人进行评估，制订物理因子治疗方案，根据老年人的身体情况，选择不同的物理因子治疗方法。

在进行物理因子治疗时，康复服务人员应注意观察老年人身体和情绪的变化，如果老年人出现异常反应，应立即停止治疗。

（五）康复辅助器具配置

康复辅助器具包括但不限于移动类康复辅助器具、日常生活类康复辅助器具、信息交流类康复辅助器具、防止并发症康复辅助器具。养老机构宜配备老年人常用的康复辅助器具，如轮椅、助行器具（见图 4-10）等，应根据老年人的需求和状态，提供康复辅助器具的适配和使用指导。

在使用康复辅助器具前，康复服务人员应协助老年人检查其所用康复辅助器具的完好性，指导老年人按照使用说明进行操作。在使用康复辅助器具的过程中，康复服务人员应密切关注老年人的身体状况，预防拉伤、骨折、跌倒等二次伤害和引发其他疾病。康复辅助器具使用完毕后，康复服务人员应及时对其进行清洁、消毒、整理，便于下次使用。

图 4-10　助行器具

（六）康复知识普及

康复知识普及的内容宜包括疾病预防，慢性病健康管理，康复训练运动强度、频率和方式，等等。养老机构应为有康复需求的老年人提供康复知识普及服务，宜采用讲座、案例分析、实地讨论等方式普及康复知识。

在普及康复知识的过程中，康复服务人员应了解老年人对康复服务的需求，解答老年人的疑问。在讲解和答疑时，应考虑到老年人的认知水平和理解能力。康复知识普及结束后，康复服务人员应向老年人及其监护人了解康复知识普及的效果，倾听对方的建议并做好记录。

二、康复服务管理模式

养老机构采用的康复服务管理模式主要有功能模式和多学科诊疗模式。

（一）功能模式

在功能模式下，不同的康复服务分别由不同的康复治疗室提供，各康复治疗室沟通较少，有时可能存在竞争关系。由于每个康复治疗室的业务是独立的，老年人在不同的康复治疗室进行康复治疗时，都要经历从能力评估、选择治疗方案到接受治疗的过程。但是对于需要单一康复服务的老年人来说，功能模式可为其提供较为精准的康复服务。

（二）多学科诊疗模式

多学科诊疗模式是指多个学科的专家共同讨论、分析某位老年人的病情，在综合各学科专业意见的基础上，为该老年人制订科学、合理的康复方案。多学科诊疗模式打破了康复治疗室间的界限，有利于提高康复服务质量。如果养老机构收住的老年人病情复杂，则可采用多学科诊疗模式进行康复服务管理。

三、康复服务质量管理

为提高康复服务质量，养老机构应建立康复服务基本工作制度并组织康复服务效果评定。

（一）建立康复服务基本工作制度

康复服务基本工作制度包括接诊制度、告知制度、交接班制度、治疗制度、病情反馈制度和服务评价制度。

（1）接诊制度。康复医师负责接待老年人，制订治疗方案，开处方和治疗单，并介绍老年人到相应的康复治疗室治疗。

（2）告知制度。康复医师必须向老年人及其家属说明病情、介绍治疗方案，让老年人或其家属签署费用协议书、授权委托书、特殊治疗知情同意书（如瘫痪患者知情同意书）等。

（3）交接班制度。康复医师、康复治疗师必须参加每日例行的交接班，当日的值班康复医师、康复治疗师必须在交班时将老年人的所有信息移交给下一班的值班康复医师、康复治疗师。康复医师交接班的内容应包括老年人的基本信息、病史、临床诊断、功能诊断、治疗的目的和方法、病情变化、治疗方案的调整、当日用药情况等。康复治疗师交接班的内容应包括老年人的基本信息、康复目标、康复计划、目前的病情、配合治疗的程度、康复训练记录、医嘱和设备的使用情况等。

（4）治疗制度。康复医师需要经常到治疗室了解老年人的治疗情况，并根据老年人康复治疗的需要调整治疗方案。康复治疗师必须经常与老年人沟通交流，了解病情，观察疗效，介绍康复治疗方法和注意事项。康复器材必须在康复治疗师的指导下才能使用。

（5）病情反馈制度。康复治疗师应及时了解和记录老年人的康复情况，并向康复医师反馈。康复医师应定期对老年人的康复情况进行评估。对于康复治疗效果差的老年人，康复医师应对老年人的身体状况进行全面评估，根据评估结果调整康复治疗方案。

（6）服务评价制度。养老机构应建立与服务内容相对应的服务评价制度，设置服务质量检查小组，制订康复服务质量检查方案、程序和要求，配备服务质量检查人员，由其对康复服务现场和记录进行检查或抽查。此外，养老机构还应建立老年人及其监护人满意度评价制度，采用多种形式听取老年人及其监护人对康复服务的建议或意见，每年至少进行 1 次康复服务满意度调查。

（二）组织康复服务效果评定

为提高康复服务质量，养老机构应定期组织康复服务效果评定。下面介绍康复服务效果评定的内容、方法和反馈。

（1）评定内容。康复服务效果评定的主要内容如表 4-1 所示。

表 4-1　康复服务效果评定的主要内容

评定项目	主要内容
躯体功能	关节功能、肌肉功能、协调与平衡功能、感觉与知觉功能、呼吸系统功能、循环系统功能、泌尿系统功能等
精神功能	智力测验、性格测验、情绪测验、人格测验
言语功能	失语症检查、构音障碍检查、言语失用检查、言语错乱检查、痴呆性失语检查
社会功能	日常生活能力、社会活动能力、生存质量等

（2）评定方法。康复服务效果评定方法包括交谈法、观察法、量表法、测量法等，养老机构应根据老年人的具体情况选用合适的评定方法。评定前，要向老年人说明评定的目的和方法，以获得其配合。如果评定过程中老年人出现不适情况，则应中止评定并查找原因。

（3）评定反馈。常采用组织康复评定会的形式反馈康复服务效果。通常情况下，由康复科主任主持康复评定会，主治康复医师报告老年人的治疗情况和评定结果并提出个人意见；与会的其他康复医师、康复治疗师发表意见，主治康复医师根据评定会上的讨论结果调整治疗方案。

任务实施

案例描述：

某养老院既收住自理、半自理老年人，也收住完全不能自理老年人，其中较多老年人有运动障碍。这些老年人的运动量都较小，且有些老年人长期卧床，身体功能日益下降。该养老院内设有医疗机构，并且配备了较多的康复器材，但是康复器材的利用率较低。

实施要求：

（1）学生自由分组，每组 3～5 人，从中选出一名组长。

（2）小组成员结合上述案例描述，分析下列问题：① 康复服务包括哪些内容？② 自理、半自理老年人和完全不能自理老年人分别适合进行哪些康复训练？③ 该养老院可采用哪些康复服务管理模式？④ 每种康复服务管理模式的优缺点有哪些？

（3）组内成员达成一致意见后，由组长在课堂上分享分析和讨论结果。教师还可以根据各小组的分享内容设置问题，引导学生深入思考。

学习成果自测

1. 填空题

（1）养老机构提供的生活照料服务主要有饮食照料、____________、清洁卫生照料、排泄照料、体位转移照料。

（2）养老机构应建立____________，对老年人的身心状况进行评估，并根据评估结果确定老年人的照护等级。

（3）食谱的编制方法主要有____________和食品交换份法。

（4）________________是指为预防老年人患病、改善老年人的健康状况所采取的各种技术方法和措施的总称，包括改善环境卫生、帮助接种疫苗、纠正不良行为和不良生活习惯、科普疾病防治和慢性病管理知识等。

（5）____________是指在医疗活动过程中，因医务人员的过失行为而使患者受到死亡、残废、组织器官损失和功能障碍以外的一般损害。

（6）养老机构应为需要使用辅助器具的老年人提供__________服务。

（7）养老机构采用的康复服务管理模式主要有__________和多学科诊疗模式。

2. 选择题

（1）关于养老机构的生活照料服务，下列说法正确的是（　　）。

A．老年人在饮水时如果发生呛咳，养老护理员应立即让老年人平卧

B．如果老年人在入住期间身心状况发生变化，养老机构可以直接变更其照护等级

C．养老机构应明确养老护理员的具体职责

D．检查人员不必每天对自理区进行检查

（2）下列生活照料服务质量检查方法中，不属于养老机构主动检查方法的是（　　）。

A．随机抽查　　B．召开座谈会

C．开展专项调查　　D．设立意见箱

（3）关于养老机构的膳食服务，下列说法错误的是（　　）。

A．养老机构每日应为老年人提供不少于 12 种食物

B．养老机构应为咀嚼不便的老年人提供特殊膳食

C．留样食品的储存时间不少于 72 h

D．每日供餐或送餐的时间应相对固定

（4）关于养老机构的医疗护理服务，下列说法正确的是（　　）。

A．养老机构内设的医疗机构可以不设立医疗护理质量管理部门

B．医务人员因紧急抢救未能及时填写病历时，可以不填写

C．发生医疗过失行为时，医疗机构及其医务人员应立即采取有效措施，防止损害扩大

D．老年人转送至第三方医疗机构时，养老机构的医务人员可以不陪同老年人

（5）康复服务效果评定项目不包括（　　）。

A．躯体功能　　B．内脏功能

C．精神功能　　D．言语功能

3. 简答题

（1）简述养老机构生活照料服务的主要内容。

（2）简述养老机构医疗护理服务的主要内容。

（3）简述养老机构康复服务管理模式。

学习成果评价

进行学习成果评价，并将评价结果填入表 4-2 中。

表 4-2　学习成果评价表

班级		组号		日期	
姓名		学号		指导教师	
项目名称	养老机构服务管理				
评价项目	评价内容		分值	自我评分	教师评分
理论知识（50%）	生活照料服务的主要内容		10		
	生活照料服务质量管理和安全管理		10		
	食谱管理、个人卫生管理、食品安全管理、餐厅卫生与服务管理		10		
	医疗护理服务的主要内容、医疗护理服务质量管理和医疗护理安全管理		10		
	康复服务的主要内容、管理模式和康复服务质量管理		10		
实践技能（30%）	能够清楚地知道各项生活照料服务的基本要求		10		
	能够协助进行生活照料服务质量管理和安全管理		10		
	能够根据膳食服务、医疗护理服务和康复服务中出现的问题，提出相应的解决措施		10		
综合素养（20%）	遵守课堂纪律，积极回答问题		5		
	养成细致、专注、严谨的学习态度		5		
	树立质量管理理念，强化安全管理意识		5		
	树立生命至上的理念		5		
合　计			100		
自我评价					
教师评价					

项目五
养老机构人事管理

项目引言

养老机构的员工是养老服务的提供者，他们的工作能力和工作态度直接关系到养老服务质量。各用人部门应协助人事部做好人才招聘、绩效管理、薪酬与员工福利管理等人事管理工作，以吸引和留住高素质人才，做到人尽其才，才尽其用，充分发挥员工的主观能动性和创造性，促进养老机构稳定发展。

知识目标

- 掌握招聘渠道、招聘流程、招聘管理和培训管理。
- 熟悉绩效计划、绩效监控、绩效考核和绩效反馈。
- 了解薪酬管理和员工福利管理。

素质目标

- 通过学习培训管理知识，树立终身学习理念。
- 通过学习员工福利管理知识，树立以人为本的管理理念。

任务一　养老机构招聘与培训管理

任务导入

云南省民政厅组织举办养老服务人才专场招聘会

2023 年 6 月，云南省民政厅、教育厅在昆明 Y 校联合举办了主题为“助力最美夕阳红　聚力青春建新功”的养老服务人才专场招聘会。120 余家养老服务企业和社会组织到招聘会现场进行招聘，累计招聘 900 余人，招聘岗位涉及老年医学、康复、护理、营养、心理、社会工作、行政管理、市场营销等领域。本次招聘会旨在搭建养老服务企业与毕业生之间的桥梁，吸引更多养老服务相关专业的毕业生加入养老服务行业。

为了让毕业生提前知晓招聘信息，招聘会开始前，云南省教育厅、昆明 Y 校通过云南省智慧就业平台、大学就业网等渠道向毕业生精准推送招聘信息。据统计，此次招聘会吸引了千余名学生参加。

招聘会刚开始一个多小时，S 公司就收到了 120 余份简历，还有不少求职者聚集在展台前向招聘人员询问岗位信息。在本次招聘会上，S 公司设有临床医学、康复医学、医学检验、医学影像、护理 5 个岗位，计划招聘员工 150 余人。

“我们希望应聘者具备过硬的专业能力，有与应聘岗位相关的实习经历，最重要的是拥有实际操作能力。这场招聘会为我们提供了与毕业生面对面交流的机会，有助于我们快速招聘到合适的人才。”S 公司的招聘人员说。

（资料来源：林碧锋、易子琪，《云南首次举办养老服务人才专场招聘会》，新华网，2023 年 6 月 23 日）

思考：

（1）养老机构可使用哪些招聘渠道招聘员工？

（2）养老机构的招聘流程是怎样的？

（3）养老机构应如何进行培训管理？

一、招聘渠道

招聘渠道是指养老机构让潜在应聘者获知其招聘信息的途径。养老机构的招聘渠道分为内部招聘和外部招聘两种。

（一）内部招聘

内部招聘是指从养老机构内部现有员工中选拔合适的人员填补空缺岗位。在实务中，内部招聘通常优先于外部招聘，招聘管理岗位人员时更是如此。

1．内部招聘的优缺点

内部招聘具有以下优点：① 有利于激励员工，增强员工的归属感，提高员工的忠诚度；② 内部员工更了解养老机构的运营情况，能够较快地适应新岗位；③ 管理人员对内部员工有较充分的了解，有利于减少用人失误；④ 招聘速度快，招聘成本低。

内部招聘具有以下缺点：① 容易使养老机构陷入人才同质化的困境，从而限制养老机构创新能力；② 易出现裙带关系，破坏公平的竞争环境；③ 招聘范围较小，可能无法招聘到更优秀的人才。

2．内部招聘方法

内部招聘方法主要有布告法、推荐法和档案法。

（1）布告法：将招聘信息张贴在养老机构的公告栏（见图 5-1）、公告牌上，或发布在养老机构的局域网上，号召符合条件的员工毛遂自荐。

图 5-1　公告栏

（2）推荐法：组织员工根据招聘岗位的要求，从养老机构内部现有员工中推荐自己认为合适的员工作为候选人，供人事部和用人部门从候选人中选拔合适的人员。

（3）档案法：从员工档案中了解员工的教育背景、工作经验、工作技能、培训经历等，然后根据空缺岗位的要求筛选合适的人员。

（二）外部招聘

外部招聘是指从养老机构外部选拔合适的人员填补空缺岗位。对于养老机构而言，仅靠内部招聘是不够的，还应利用外部招聘来获取人力资源。

1．外部招聘的优缺点

外部招聘具有以下优点：① 面向的应聘者多，甄选余地大，有助于招聘到更优秀的人才；② 有利于引入新理念、新方法、新技能，提高养老机构的创新能力；③ 能够在无形中给养老机构内部员工施加压力，激发其斗志；④ 有助于提高养老机构的社会知名度和影响力。

外部招聘具有以下缺点：① 外聘人员的行为方式可能与养老机构的文化产生冲突，导致

外聘人员“水土不服”；② 如果外聘人员对应聘岗位的业务不熟悉，还需要花费较多时间对其进行培训；③ 易使养老机构中能力较强的员工受挫，出现工作积极性和主动性降低的情况；④ 养老机构与应聘者之间存在信息不对称情况，可能会增大用人失误风险；⑤ 招聘时间长，成本高。

2．外部招聘的方法

外部招聘的方法主要有熟人推荐、网络招聘、校园招聘、人才市场招聘和猎头招聘。

（1）熟人推荐。发动员工、客户、合作伙伴等熟人推荐候选人是养老机构招聘员工的重要方法之一。例如，养老机构在招聘养老护理员时，经常使用“老乡介绍老乡”这一熟人推荐方法。

（2）网络招聘。网络招聘不受地域和时间的限制，而且具有招聘效率高、成本低、信息传播范围广等优点，是养老机构普遍使用的招聘方法。养老机构既可以在本机构的官网上设置专门的板块发布招聘信息，也可以在智联招聘、BOSS 直聘、58 同城等人才网站上发布招聘信息。

（3）校园招聘。校园招聘是指养老机构通过举办招聘宣讲会、参加应届毕业生交流会等活动来招聘员工。校园招聘通常在学校内部进行。开展校园招聘活动（见图 5-2）有助于养老机构招聘到专业对口、可塑性强、易于接受新事物的应届毕业生。

图 5-2　校园招聘活动

（4）人才市场招聘。人才市场招聘是指通过在人才交流中心、服务中心等场所举办招聘活动来招聘员工。对于长期招聘的岗位，养老机构可使用人才市场招聘方法进行招聘。

（5）猎头招聘。猎头招聘是一种通过委托猎头公司（专门从事中高级人才代理的组织）招聘人才的招聘方法。养老机构把招聘需求提交给猎头公司，猎头公司会根据自身掌握的资源寻找符合养老机构需求的人才。通过猎头公司招聘的员工通常是工作经验比较丰富的中高级管理人才，或者是“高精尖缺”的科技人才。使用猎头招聘方法招聘员工所需的费用相对较高。

3. 选择外部招聘方法时应考虑的因素

养老机构在选择外部招聘方法时，应考虑以下因素：

（1）岗位特点。养老机构应根据招聘岗位的性质和特点选择合适的招聘方法。一般来说，招聘养老护理员可选择熟人推荐、网络招聘、校园招聘等方法，招聘管理人员可选择网络招聘和猎头招聘。

（2）招聘成本。使用的招聘方法不同，招聘成本也不同。如果选择人才市场招聘方法，就需要支付场地费；通过招聘网站招聘时，如果想要提高招聘岗位的曝光率，以便尽快招到合适的人才，也需要支付相应的服务费；如果选择猎头招聘，就要承担岗位年薪 20%～30% 的服务费。

（3）人才需求量。人才需求量影响着招聘方法的选择。养老机构如果需要招聘大量人才，可选择校园招聘、人才市场招聘等方法，以节省时间成本和人力成本；如果需要招聘少量人才，可选择网络招聘、猎头招聘等方法。

（4）人才需求的紧迫性。人才需求的紧迫性是根据员工到岗后能否立即开展相关工作来衡量的。养老机构如果想招聘到岗就能熟练工作的员工，应在招聘岗位描述中设置工作经验要求；如果对员工的工作能力要求不高，可考虑招聘应届毕业生。有条件的养老机构可到开设养老相关专业的学校进行招聘，最好能和学校建立合作关系，实施订单式人才培养或学生实习计划，以缩短员工在入职后的培训周期。

订单式人才培养是指养老机构根据自身对人才的需求向学校发出人才培养订单，校企协作进行人才培养，所培养的人才经考核合格后被养老机构录用。

课堂互动

某养老机构计划招聘 5 名养老护理员。2～3 人一组，讨论该养老机构可以使用哪些招聘方法与选择该方法的理由。教师随机选择几名学生，让其分享讨论结果。

二、招聘流程

养老机构的招聘流程为招聘准备、招聘实施和招聘评估。

（一）招聘准备

通常来说，招聘准备阶段包括以下工作内容：

（1）提出用人需求。养老机构的各个部门根据工作的实际需要填写招聘需求表并将其交

给人事部。招聘需求表的内容包括部门、岗位、工作职责、任职岗位资格（如学历、工作经验、专业资格）、所需人数等。

（2）审核用人需求。人事部对各部门的人员需求进行综合分析，出具是否受理用人需求的意见并报送上级主管部门审批。

（3）制订招聘计划。招聘需求审批通过后，人事部就要制订详细的招聘计划。招聘计划主要包括以下内容：① 招聘岗位的名称、需求人数、任职资格、薪酬范围等；② 招聘渠道与招聘方法；③ 招聘小组成员的姓名、岗位、各自的职责等；④ 招聘资料准备、招聘广告发布的时间和渠道；⑤ 员工甄选方案，包括甄选的地点、时间、方法等；⑥ 招聘截止时间；⑦ 新员工的上岗时间；⑧ 招聘预算。

小贴士

招聘小组成员必须具有良好的个人品德和修养，具备与招聘职位相关的专业知识和工作经验，熟练掌握员工甄选的各种方法，能够识别出所需人才。

（二）招聘实施

招聘实施是整个招聘流程的核心阶段，主要工作为员工招募、员工甄选、员工录用。

如何写出具有吸引力的招聘广告

（1）员工招募。在员工招募环节，招聘小组应根据招聘计划选择合适的招聘平台并发布招聘广告，以吸引合格的应聘者投放简历。

（2）员工甄选。员工甄选是指从众多应聘者中挑选出与岗位匹配度最高的人员的过程。员工甄选的流程应为筛选简历、笔试、其他测试（心理测试、服务技能测验等）、面试。养老机构在招聘养老护理员时，可以通过对应聘者进行服务技能测试（见图 5-3），考核其专业能力。

图 5-3　服务技能测试

（3）员工录用。员工录用是依据甄选结果做出录用决策并进行人员安置的活动，可分为以下 7 个步骤：做出录用决策、进行背景调查、组织应聘者体检、发出录用通知、进行岗前培训、进行试用期考察、正式录用。

背景调查是指从应聘者提供的证明人或其以前工作的单位核实应聘者的个人情况的调查方法。对于通过外部招聘渠道招聘的人员，人事部可对其进行背景调查，有不属实情况的，不予录用。背景调查操作难度大，适用于中高层管理岗位的招聘。

（三）招聘评估

招聘结束后，人事部还应组织招聘小组及时对招聘渠道、员工甄选方法、招聘成本等方面进行评估，以总结招聘过程中的经验教训。招聘评估包括简历通过率、面试通过率、入职率、招聘计划完成度、实际招聘成本、用人部门满意度、新员工工作满意度等内容。

三、招聘管理

招聘管理是指为实现招聘目标，对招聘过程进行计划、组织、实施和改进的活动。招聘管理包括招聘原则制定、招聘计划管理、招聘流程管理等内容。

（一）招聘原则制定

制定明确的招聘原则并在招聘过程中遵守招聘原则，不仅能够确保整个招聘过程公平、公正、透明，还能够确保招聘流程的规范性和统一性。养老机构的招聘原则主要有因事择人原则、择优录用原则、德才兼备原则。

1. 因事择人原则

因事择人原则强调从实际工作需要的角度出发，根据岗位职责和任职要求选拔、录用人才。只有坚持因事择人，才能实现事得其人、人适其事。

2. 择优录用原则

养老机构对待应聘者应一视同仁，不得人为制造不平等的限制条件。同时，养老机构应通过公平、严格的笔试、面试或采用其他方式，科学地确定最合适的人选。

3. 德才兼备原则

德才兼备是指同时具有优秀的品德和较高的才能。养老机构在招聘过程中应注重应聘者的品德修养，在此基础上考虑其知识、技能、潜能等，录用那些德才兼备的人员。养老机构在招聘过程中唯有坚持德才兼备原则，既不重德轻才，也不重才轻德，才有可能招聘到优秀的员工。

（二）招聘计划管理

招聘计划管理是养老机构招聘管理的重要组成部分，主要包括以下内容：

（1）人事部应根据养老机构人力资源的需求状况制订年度招聘计划，再将年度招聘计划报相关负责人审批。审批通过后，人事部将年度招聘计划以文件的形式下发至用人部门。

（2）业务量增加、员工离职率超过预期等原因导致按照年度招聘计划招聘不能满足需求时，用人部门应向人事部提出招聘申请。

（3）年度招聘计划内的岗位，由人事部根据缺岗情况逐月组织招聘；年度招聘计划外的新增岗位，经相关负责人审批通过后，由人事部组织招聘。

（三）招聘流程管理

在多数情况下，招聘工作由人事部主导，用人部门配合人事部完成招聘工作。在招聘工作中，人事部一般侧重于原则性和事务性工作，如拟定任职资格、制定人才甄选标准、选择招聘渠道、进行素质能力测试、组织录用和评估工作等；用人部门侧重于与招聘岗位业务相关的工作，如担任复试考官、设置专业能力试题、拟定岗位职责、完善任职要求、最终确定录用者等。

下面以人事部主导的招聘为例，介绍招聘流程管理的具体内容。

（1）人事部负责通过各种招聘渠道发布招聘信息。

（2）人事部收集应聘者的简历及其他相关资料，并根据岗位职责和任职要求筛选简历，通知符合条件的应聘者参加初试。

（3）人事部对应聘者进行初试，判断应聘者的综合素质是否满足岗位要求，了解其薪资期望、求职动机等信息，最终确定初试合格人员。

（4）人事部通知初试合格人员参加复试，用人部门对进入复试环节的人员进行专业理论知识和操作能力考核，并详细介绍岗位职责、工作要求、工作时间等。

（5）应聘者复试通过后，用人部门将录用名单上报人事部。

（6）人事部通知复试合格人员复试结果与入职日期，要求其在一定期限内提交入职所需的全部资料，然后审核这些资料，确定最终录用的人员。

课堂互动

某养老机构因业务发展需要，急需招聘2名康复技师。用人部门向人事部提出招聘申请后，人事部及时在各大招聘网站上发布了招聘信息，并且在第二天就收到了好几份简历。为了尽快完成招聘任务，人事部从收到的简历中挑选了两份，对对方的综合素质进行测试后，便通知对方前来报到。然而这两名新员工在上岗后不到两周，患者就以服务不专业、操作不规范等理由，投诉了这两名新员工。

2～3人一组，讨论该养老机构在招聘环节存在的问题。教师随机选择几名学生，让其分享讨论结果。

四、培训管理

人事部应根据岗位的实际需要积极开展培训工作，或派出员工参加政府、社会机构组织的培训，不断提高员工的知识水平和技能。

（一）培训内容

按照培训对象的不同，可以将培训分成试用期员工培训和正式员工培训两类。试用期员工培训是指对刚刚进入养老机构的员工进行的培训，正式员工培训是指对通过试用期的员工进行的培训。

（1）试用期员工培训。试用期员工培训通常是按岗位进行的，不同岗位的培训内容有所不同。例如，养老护理员岗位的培训内容以基本的护理知识讲解与生活照料能力提高为主，餐饮岗位的培训内容以讲解食品安全知识、营养知识、餐饮服务礼仪等为主。

（2）正式员工培训。正式员工培训分为基层员工培训、中层员工培训和高层员工培训。这三种员工在养老机构中所处的层次、承担的职责、发挥的作用不同，因此在对他们进行培训时，应侧重不同的内容，并采用不同的方法。例如，对基层员工的培训应以提高其职业素养和服务技能为主，对高层员工的培训应以讲解行业新政策、新标准、新知识、新技术和管理知识为主。

（二）培训流程

（1）分析培训需求。分析培训需求主要是为了确认培训的必要性。养老机构可从任务分析和人员分析两个维度分析培训需求。通过任务分析，应明确各岗位的工作任务、各项工作任务的完成标准、完成这些任务需要掌握的知识与技能等。人员分析是基于员工的绩效考核进行的，通过人员分析，应明确哪些员工需要参加哪些方面的培训。常见的培训需求分析方法有分析培训需求调查问卷、分析工作重难点、召开培训需求调研座谈会等。

（2）拟定培训目标。如果培训需求分析结果显示确有必要进行员工培训，则需拟定培训目标。培训目标可以是改善服务态度、掌握操作规范、提高服务效率、学会解决服务纠纷等。培训目标不仅对培训活动具有指导意义，也是评估培训效果的重要依据。

（3）制订培训方案。人事部应根据培训目标制订培训方案。培训方案应包括培训地点、培训对象、培训师资、培训方式、培训预算等。培训方式包括讲授法、多媒体教学法、操作演练法、案例分析法等，人事部应合理选择培训方法。

（4）实施培训。人事部应根据培训方案组织开展培训，并通过一系列控制措施（如培训签到、随机提问）增强培训效果。

（5）评估培训效果。培训结束后，人事部可根据培训对象的满意度、学习效果等对培训效果进行评估。培训对象的满意度可根据培训对象对培训内容、地点、师资等方面的满意程度来评估。学习效果评估用于评价培训对象对知识和技能的掌握程度，人事部可采用理论考试、模拟操作等方式进行评估。

同步案例

广东省民政厅组织开展养老服务人才培训

2023 年 6 月 12—14 日，2023 年度广东省养老护理职业技能实操培训班在广州举办。21 个地级市及以上城市养老服务机构的业务骨干及一线养老护理员参加培训。培训师由具有养老服务相关专业技能培训资格的教师、医务人员、养老服务领域专家担任。培训师采取理论教学与实操指导相结合的方式，围绕养老护理基础知识、生活照料、康复服务、急救常识等方面授课。培训对象可根据自身的需要参加养老机构院长培训班、养老护理职业技能实操培训班、养老护理职业技能师资培训班或养老护理员照护能力提升班。图 5-4 为培训师现场示范清洁压疮。

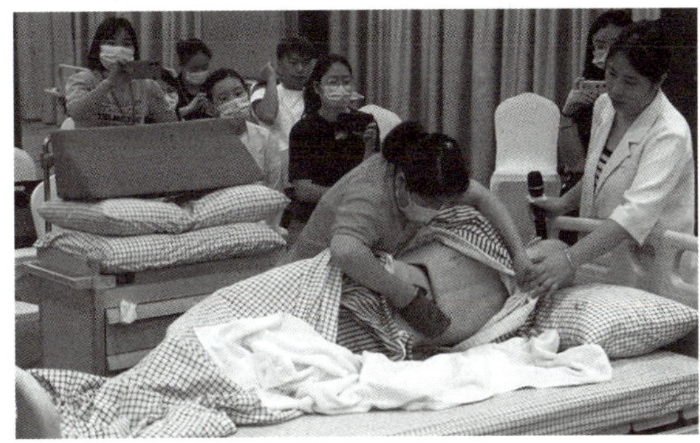

图 5-4　培训师现场示范清洁压疮

养老机构院长培训班重点开设养老服务政策解读、养老服务标准解读、养老机构星级评定、社会工作管理、养老机构院长领导力建设、养老机构医护服务管理等课程。养老护理职业技能实操培训班以养老护理员的职业技能提升为核心，培训师通过示范、指导，对养老护理员的实操技能进行培训。养老护理职业技能师资培训班的授课内容主要包括培训课程设计的原则与方法、培训大纲与教案的书写、培训课件的制作、理论与实操的授课技巧等。养老护理员照护能力提升班以线上培训的形式进行，培训的主要内容包括生活照料、康复服务、心理支持服务等。

养老从业人员参加养老护理职业技能培训能够有效提高职业技能和职业素养，增强安全意识，促进职业发展。养老从业人员应积极参加培训，践行终身学习理念，实现学以养德、学以增智、学以致用。

（资料来源：《广东省民政厅组织开展 2023 年度养老服务人才培训》，广东省民政厅，2023 年 6 月 21 日）

任务实施

案例描述：

某养老机构的护理服务标准明确规定，失能老年人需要专职养老护理员一对一看护，每3名自理老年人需要配备一名专职养老护理员。该养老机构目前仅有8名养老护理员，预计3个月后，该养老机构收住的自理老年人将增至20名，失能老年人将增至10名。假设你是该养老机构的人事部经理，请你为该养老机构选择合适的招聘方法并制定招聘流程。

实施要求：

（1）每组3～5人，从中选出一名组长。

（2）以小组为单位，讨论适合该养老机构的招聘方法和招聘流程。组内成员达成一致意见后，由组长在课堂上分享讨论结果，并解答教师和其他小组成员提出的问题。

任务二　养老机构绩效管理

任务导入

建立绩效管理机制　助推养老服务高质量发展

“您好，我是N中心的绩效管理人员，想对您做一个简单的回访。请问您对养老护理员的服务满意吗？”“我们还有几个问题想向您询问……”这是N中心开展绩效考核的过程中，绩效管理人员与老年人的部分谈话内容。每月都有多位老年人接到N中心的养老服务满意度调查电话。

N中心建立绩效管理机制的第一步就是制订绩效计划，同时制定了财务、客户、养老服务质量及社会效应等方面的绩效指标。对养老护理员主要从服务内容、服务时长、服务专业性等方面进行考核，对管理人员主要从管理情况、所管部门整体的工作效率和服务质量等方面进行考核。

N中心还会对员工进行绩效监控。绩效管理人员定期与员工进行谈话，了解绩效计划的执行情况和员工遇到的问题。为确保绩效考核结果客观、真实、有据可查，在绩效监控过程中，绩效管理人员还会收集绩效信息。

绩效考核结果出炉后，绩效管理人员会分析员工的绩效考核结果，找到员工在工作中存在的问题，及时督促员工弥补不足，不断提高养老服务质量。例如，在某次绩效考核过程中，绩效管理人员发现养老护理员的专业化水平有待提高，于是联合相关部门有针对性地组织开展职业技能和素养培训，提高了一线养老护理员的工作积极性和专业素养。

思考：

（1）养老机构绩效管理包括哪些内容？

（2）养老机构绩效考核的流程是怎样的？

绩效是指完成工作的效率、效能与效果。绩效管理是对员工的工作绩效进行评价和反馈的管理活动。科学的绩效管理可以提高员工的满意度、增强团队的凝聚力、提高团队的效率，促使养老机构实现可持续发展。绩效管理的内容包括绩效计划、绩效监控、绩效考核和绩效反馈。

一、绩效计划

绩效计划是绩效管理的起点。在绩效考核开始时，绩效管理人员就员工个人在绩效周期内的绩效目标、实现该目标的步骤和措施等与员工进行讨论，达成一致意见后，由员工签订绩效任务书。让员工参与制订绩效计划能够有效提高绩效计划的可行性和员工的工作积极性。

绩效计划包含以下 4 个方面的内容：① 绩效考核时间；② 绩效目标体系（包括绩效目标、指标、标准）；③ 员工在绩效周期内应从事的工作和采取的措施；④ 绩效监控、绩效考核和绩效反馈阶段的工作安排。绩效管理人员和员工必须共同参与制订绩效计划，绩效计划中有关员工绩效考核的事项须经双方共同确认。

（一）绩效计划的制订流程

部门的绩效计划是根据养老机构的年度经营计划和部门的年度工作计划等制订的。部门的绩效计划一旦确定，就需要将其按岗位进行分解，形成员工的绩效计划。一般来说，员工的绩效计划的制订包括准备阶段、沟通阶段与确认阶段。

1. 准备阶段

在准备阶段，绩效管理人员首先要了解养老机构的战略规划、发展目标、年度经营计划和绩效目标体系，然后对养老机构的年度经营计划和绩效目标体系进行分解，形成部门的年度工作计划和绩效计划，据此确定目标岗位的关键职责与工作内容，最后拟定员工的绩效目标、绩效指标和绩效标准。

2. 沟通阶段

沟通阶段的主要任务是绩效管理人员就拟定的绩效目标、绩效指标和绩效标准同员工进行沟通并达成共识。通过沟通，应使员工明确以下四个问题：① 员工需要完成哪些工作；② 员工需要按照什么样的程序完成工作；③ 员工应何时完成工作；④ 员工需要并且能得到哪些资源与支持。

值得注意的是，为了避免员工以消极的态度对待绩效管理工作，绩效管理人员在与员工进行沟通前，应向员工解释养老机构和员工所在部门的发展目标，强化员工的主人翁意识，使其对绩效管理工作产生认同感。

3．确认阶段

在确认阶段，绩效管理人员需要与员工进一步确认绩效计划，形成绩效任务书后，双方都应在该文件上签字。需要注意的是，在实践中，绩效管理人员应根据经营环境和养老机构的战略规划、发展规划的变化调整绩效计划。

（二）绩效项目和绩效指标体系

绩效项目是指绩效的维度，即从哪些方面对员工的绩效进行考核。一般来说，绩效项目包括工作业绩、工作能力、工作态度三方面的内容。

绩效指标是对绩效项目的分解与细化。绩效指标体系的构建方法主要有关键绩效指标考核法和平衡计分卡法。

1．关键绩效指标考核法

关键绩效指标考核法是指通过构建关键绩效指标体系，把对绩效项目的考核分解、细化为对几个具体的、可量化的关键指标的考核的方法。使用关键绩效指标考核法构建关键绩效指标体系的重点在于确定关键绩效指标和分配关键绩效指标的权重。

（1）确定关键绩效指标

关键绩效指标应含义明确并且可量化，指标的数量不宜过多，每一层级的关键绩效指标一般不应超过 10 个。可从企业级、部门级、岗位级三个层次来确定关键绩效指标。

1）企业级关键绩效指标。对养老机构而言，企业级关键绩效指标主要包括社会效益、医疗服务提供、综合管理、可持续发展 4 个方面的指标。其中，综合管理指标用于评价人力资源利用效率、床位使用、资产运营、财务风险管控等情况。绩效管理人员应根据养老机构的定位、发展阶段和市场环境等因素制定企业级关键绩效指标。

2）部门级关键绩效指标。应根据企业级关键绩效指标和部门的工作职责制定部门级关键绩效指标。具体操作为：首先确认企业级关键绩效指标能否直接由某个部门完成，如果能，则将该指标设为该部门的关键绩效指标之一；如果不能，则将该指标按养老机构的组织结构或其他因素进行分解。以养老机构的护理部为例，该部门的关键绩效指标有床位使用率、护理服务满意度、护理服务投诉率、养老护理员离职率等。

3）岗位级关键绩效指标。绩效管理人员应根据部门级关键绩效指标和岗位职责制定岗位级关键绩效指标。以养老机构的养老护理员岗位为例，该岗位的关键绩效指标涵盖员工的仪容仪表、工作态度、服务质量、专业技能、沟通与协调能力、护理记录书写规范性等方面，常见的绩效指标有护理服务满意度、护理服务投诉率、护理差错率等。

（2）分配关键绩效指标的权重

关键绩效指标权重的分配应反映被评价的绩效项目的重要程度。单个关键绩效指标的权重值一般设定在 5%～30%。对特别重要的指标，可适当增加其权重值。对特别关键、影响服务整体价值的绩效指标，可设立“一票否决”制度，即当该关键绩效指标未完成时，无论其他指标是否完成，均视为绩效结果不合格。

2. 平衡计分卡法

平衡计分卡法是指从财务、客户、内部运营、学习与成长4个维度，对养老机构的战略目标进行分解，从而形成这4个维度的绩效指标体系的考核方法。平衡计分卡法中4个维度的具体内容如下：

养老机构平衡计分卡法的实施流程

（1）财务维度。养老机构的类型和其所处发展阶段不同，财务目标也不同。一般来说，养老机构的财务目标包括收入增长、成本降低、资产合理利用、降低经营风险等。养老机构可根据自身的实际情况选择合适的财务目标，并据此制定财务指标。常见的财务指标有营业收入利润率、总资本报酬率、销售额、净利润、现金流量等。

（2）客户维度。客户维度的指标有客户满意度、客户流失率、客户投诉率、目标市场份额等。客户维度的指标反映了养老机构吸引客户的能力。

（3）内部运营维度。内部运营指标涉及养老机构的经营与管理过程。养老机构内部运营维度的指标涵盖服务效率、服务质量、服务成本、投诉处理、岗位空缺、工作目标完成情况等方面。

（4）学习与成长维度。学习与成长维度的指标包括员工人均培训投资、员工培训时长、员工流失率、员工平均服务年限、高技能人才数量等。人才是企业发展的基础，养老机构想要在竞争中处于领先地位，就要加大对员工的培训力度。图5-5为养老护理员培训现场。

图5-5　养老护理员培训现场

二、绩效监控

绩效监控的目的是让员工更好地开展工作，提高其个人的绩效水平。与员工达成一致的绩效目标之后，绩效管理人员还需要对员工的工作情况进行跟踪、检查、记录、指导，及时发现员工在工作中存在的问题并帮助其解决。在绩效监控过程中，绩效管理人员需要与员工持续沟通，同时收集绩效信息。

（一）与员工持续沟通

绩效管理人员与员工持续沟通的作用主要体现在以下 3 个方面：① 绩效管理人员可以及时发现问题，并根据需要调整绩效计划；② 绩效管理人员和员工能及时获得准确、详细的信息，有利于绩效计划的顺利实施；③ 有利于绩效管理人员收集绩效考核信息。

与员工沟通时，绩效管理人员应该重点关注的内容有：① 员工工作进展情况；② 员工的哪些工作进展顺利，哪些工作进展不顺利，需要对哪些工作进行调整；③ 员工遇到了哪些困难，需要哪些资源与支持。

绩效管理人员既可以采用会议、面谈、书面报告等正式沟通方式与员工沟通，也可以采用非正式沟通方式与员工沟通。非正式沟通方式包括网上留言、QQ 聊天、微信聊天，以及在用餐期间、搭乘电梯期间进行的沟通。绩效管理人员可根据具体情况灵活选择沟通方式。

（二）收集绩效信息

收集绩效信息的主要目的是为绩效考核和相关决策提供事实依据。在绩效监控过程中，绩效管理人员应收集的绩效信息主要包括：① 员工绩效计划的完成情况；② 员工受表扬与批评的情况；③ 衡量员工绩效考核成绩的依据；④ 员工绩效考核成绩优秀或不合格的原因；⑤ 与员工就绩效问题进行谈话的记录；等等。绩效管理人员可使用观察法、工作记录法、工作日志法、面谈法、他人反馈法等收集员工的绩效信息，确保所收集的信息准确、完整。

小贴士

工作记录法是指将员工的工作表现、工作结果和关键事件记录下来，形成类似档案文件的绩效信息收集方法。工作日志法是指由员工按要求填写工作日志表单以记录工作内容，绩效管理人员通过查看员工填写的工作日志收集所需信息的绩效信息收集方法。

三、绩效考核

绩效考核是指绩效管理人员使用科学的绩效考核方法对员工的工作绩效做出评价的过程。通过对员工进行绩效考核，可以判断他们是否称职。绩效考核结果可作为员工晋升与辞退、薪酬分配与调整、对员工进行培训的依据。

（一）绩效考核的内容

绩效考核的内容包括对员工的工作业绩、工作能力、工作态度和工作潜力进行评价。员工的工作业绩、工作能力、工作态度和工作潜力并不是孤立存在的，而是相互联系、相互影响的。

1. 工作业绩

工作业绩直观地反映了员工完成工作的情况，在某种程度上体现了员工的工作能力和工

作态度，可以从数量、质量、时间、成本等方面来评价。此外，在考核员工的工作业绩时，也要从整体出发，考核员工的工作为养老机构带来的经济效益。

2. 工作能力

员工的工作能力主要包括基础能力、业务能力和心理素质。基础能力主要通过技能测试成绩、企业内部培训课程成绩、技术职称或专业资格等级等来衡量；业务能力一般只能通过工作业绩衡量；心理素质的考核一方面可以利用各种心理测试来完成，另一方面可以通过员工在工作中的表现来衡量。

3. 工作态度

工作态度是影响员工工作能力发挥的个性因素，主要包括工作积极性、工作责任心、自我提升的渴望程度、自觉遵守工作纪律的程度等方面。由于工作态度较为抽象且难以量化，因此对员工的工作态度进行考核时，主要依靠主观评价。

4. 工作潜力

对员工的工作潜力进行考核，能够找出阻碍员工潜力发挥的原因，从而对症施策，使员工的潜力转化为现实的工作能力。此外，工作潜力考核也能为岗位轮换、员工晋升等各种人事决策提供依据。

课堂互动

2～3 人一组，讨论工作业绩、工作能力和工作态度是怎样相互联系、相互影响的。

（二）绩效考核的流程

一般来说，养老机构绩效考核的流程为确立目标、建立评价系统、整理数据、分析判断、输出结果，如图 5-6 所示。

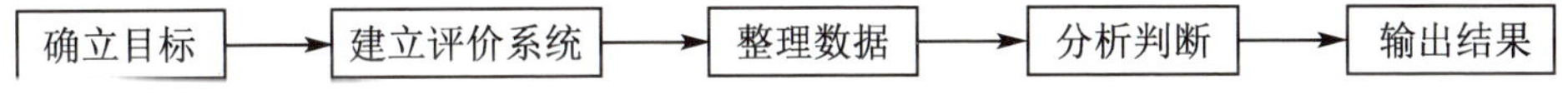

图 5-6　养老机构绩效考核的流程

（1）确立目标。进行绩效考核的第一步是明确绩效考核的目的、对象、内容和绩效考核方法、绩效考核时间。

（2）建立评价系统。建立评价系统需要确定绩效考核主体、构建绩效指标体系、选择合适的绩效考核方法。绩效考核主体是指对员工进行绩效考核的人员，包括员工的直接领导、同级同事、服务对象等。

（3）整理数据。整理数据是指按照绩效考核指标，对在绩效监控阶段收集的数据进行界定和归类。绩效管理人员应以客观事实和相关标准为依据整理数据，尽量减少主观因素对绩效考核结果的影响。

（4）分析判断。在分析判断环节，绩效管理人员需要对信息进一步整合，并按照事先确定的绩效考核方法对考核对象进行绩效评价。

（5）输出结果。绩效考核结束后，应得出具体的绩效考核结果，绩效考核结果中要有绩效分数和排名。绩效管理人员应分析绩效考核结果，找出员工绩效成绩优秀或不合格的原因，供绩效反馈环节使用。

（三）绩效考核的方法

绩效考核的方法主要包括排序法、配对比较法、强制分布法、量表法等。

（1）排序法。排序法是一种将员工按其绩效分数由高到低依次排列的方法。绩效分数可以是某一绩效指标的得分，也可以是绩效总得分。排序法简单易行，使用该方法得到的绩效考核结果有区分度，能够激发员工的竞争意识，但是会给员工造成压力，排序结果容易引发争议。

（2）配对比较法。配对比较法是指根据员工的绩效分数将员工两两比较，从而得到排名的方法。例如，某养老机构有 A、B、C 三名康复治疗师，分别比较 A 与 B、A 与 C、B 与 C 的绩效分数，就可以得到他们的排名顺序。使用配对比较法可以对同一岗位上的员工排序，但是无法对不同岗位上的员工排序，并且适用于员工较少的情况。

（3）强制分布法。强制分布法是养老机构目前普遍使用的一种绩效考核方法。使用该方法时，首先需要按照“两头小、中间大”的正态分布规律，确定优秀、良好、一般、合格和不合格共 5 个等级的比例，然后按照员工的绩效分数，将员工列入不同的等级中。强制分布法操作简单、方便，能够快速筛选出绩效不合格的员工，有利于管理控制。强制分布法强调的是绩效排名而非绩效分数本身，可能出现将某些表现较好的员工归到较低的等级，或者将某些表现较差的员工归到较高的等级的情况。

（4）量表法。量表法是一种将绩效指标设计成量表，然后按照量表对员工进行绩效考核的方法。量表法的主要优点是可操作性强，绩效管理人员可以清楚地知道员工存在的问题和不足，并且可以根据绩效分数将不同部门的员工进行横向比较，缺点是量表开发成本高、设计难度大。表 5-1 为某养老机构设计的养老护理员行为对照量表。

表 5-1　某养老机构设计的养老护理员行为对照量表

评价项目	典型行为或事件	评分
工作质量	工作出现差错时没有及时补救，而且找借口推卸责任	0
	工作出现差错时能够积极补救，不推卸责任	10
	工作未出现差错，能履行岗位职责，按时完成工作任务	20
	工作未出现差错，能按计划高质量地完成工作任务	25
工作效率	拒绝执行上级安排的工作，在执行工作时讲条件或消极应付工作，经常抱怨、发牢骚	0
	被动执行上级安排的工作，遇到困难时不主动寻找解决方法，对工作中的问题视而不见	10
	主动执行上级安排的工作，工作中遇到困难和问题时不主动寻找解决方法，但是会主动反映	20
	主动执行上级安排的工作，工作中遇到困难和问题时总能找到解决方法，经常提出有价值的建议	25

续表

评价项目	典型行为或事件	评分
服务意识	不关心服务对象，不能及时响应服务对象的需求	0
	在上级或服务对象的要求下，为服务对象提供服务	10
	积极响应并及时满足服务对象的需求	20
	主动了解服务对象的需求，为其提供个性化的服务	25
知识技能	专业知识和技能缺乏，工作未见成效	0
	专业知识和技能不足，影响工作进展	10
	掌握基本的专业知识和技能，偶尔需要他人指导	20
	专业知识扎实，专业技能过硬，能独立完成工作	25

四、绩效反馈

绩效反馈是指绩效管理人员根据员工的绩效考核结果与员工进行面谈，在肯定员工所取得的成绩的同时，找出员工在工作中存在的不足并要求其加以改进的绩效管理活动。绩效反馈的目的是帮助员工了解自己的工作表现，激励员工进一步提高绩效水平。绩效反馈的主要内容如下：

（1）向员工通报其绩效考核结果。

（2）与员工分析其绩效考核结果，找出员工在工作中存在的不足。

（3）帮助员工制定绩效改进措施。

（4）传达领导的期望，同时告知员工在绩效周期内将获得的奖励或受到的惩罚。

智慧化手段助力养老机构实现提质增效

为加强护理队伍建设，提高养老护理服务质量和养老护理员的工作积极性，某养老机构开发了智能考核系统，借助智慧化手段，大大提高了绩效管理的效率和质量。具体来说，该智能考核系统具有以下功能：

（1）记录工作数据。智能考核系统通过与养老机构的其他管理系统（如入住管理系统、健康管理系统等）对接，能够自动获取员工的工作数据，如服务时长、服务对象的数量等。

（2）自动评分与排名。智能考核系统根据预设的绩效指标和标准，可以对员工的工作情况进行自动评分，并按照得分进行排名。

(3)生成考核报告。智能考核系统能够自动生成考核报告，利用大数据技术对员工的工作数据进行分析，找出员工绩效成绩优秀或不合格的原因和改进措施。

(4)智能反馈与辅导。智能考核系统能及时向员工反馈其绩效考核结果，并为其提供个性化的辅导和培训建议。员工可以随时查看自己的绩效记录和进步情况，了解自己的不足并加以改进。

(5)收集员工的建议。智能考核系统具有定期收集员工建议的功能。养老机构根据员工对绩效管理工作的建议和自身的实际情况调整绩效指标、绩效标准和绩效考核方式，确保绩效管理的科学性。

任务实施

案例描述：

某养老机构有 30 名养老护理员，共照护 105 名老年人。该机构没有健全的绩效考核制度，养老护理员的工作积极性不高，护理服务质量差，投诉率和养老护理员离职率均较高。为了提高养老护理员的工作积极性和护理服务质量，该养老机构计划从绩效计划、绩效监控、绩效考核和绩效反馈 4 个方面进行绩效管理。

实施要求：

(1)每组 3～5 人，从中选出一名组长。

(2)以小组为单位，讨论以下问题：① 该养老机构应该怎样制订绩效计划；② 绩效管理人员在绩效监控过程中应做好哪些工作；③ 该养老机构应按怎样的流程进行绩效考核；④ 适合该养老机构护理部的绩效考核方法有哪些。

(3)组内成员达成一致意见后，由组长在课堂上分享讨论结果，并解答教师和其他小组成员提出的问题。

任务三 养老机构薪酬与员工福利管理

任务导入

从薪酬和福利入手留住养老人才

北京市民政局、北京市教育委员会等多部门联合印发了《北京市养老服务人才培养培训实施办法》(以下简称“《实施办法》”)。《实施办法》明确了毕业生进入北京市养老服务机构专职从事养老服务工作可享受的各种津贴，旨在鼓励和吸引更多年轻人进入养老服务行业。

根据《实施办法》第五条的规定，国家统招北京生源或北京地区普通高等院校、中高等职业学校的应届毕业生或毕业一年以内的往届毕业生，进入北京市养老服务机构专职从事养老服务工作的，享受一次性入职奖励。奖励标准为本科及以上6万元、专科（高职）5万元、中职4万元。入职奖励在申请人入职养老服务机构工作满一年后开始发放，并在三年内发放完毕。

《实施办法》还将岗位津贴与养老护理员职业技能等级挂钩。根据《实施办法》第六条的规定，在养老机构内签订劳动合同并按规定缴纳社会保险或签订劳务协议、专职从事养老护理服务，且取得养老护理员职业资格证书或职业技能等级证书的养老护理员，经北京市民政部门核实后，按月享受护理岗位奖励津贴，初级工、中级工、高级工、技师、高级技师每人每月分别享受500元、800元、1 000元、1 200元、1 500元的岗位奖励津贴。

除护理岗位奖励津贴外，养老机构的福利政策也是吸引和留住养老护理人才的重要因素之一。近年来，许多养老机构为员工提供了带薪培训、免费食宿和通勤班车等员工福利。这些福利政策让员工感受到了养老机构的关心，也减少了养老护理人才流失。

（资料来源：《北京市养老服务人才培养培训实施办法》，北京市人民政府官网，2020年11月4日）

思考：

（1）薪酬包括哪些内容？

（2）员工福利包括哪些内容？

（3）养老机构应如何对薪酬与员工福利进行管理？

一、薪酬管理

（一）薪酬的概念

薪酬是指员工因被雇用而获得的各种形式的货币支付，包括员工从事劳动所得到的工资、奖金、提成、津贴等。具体来说，薪酬由以下两部分组成：

（1）固定薪酬。固定薪酬包括基本工资、工龄工资、学历工资等，主要反映员工所在岗位的价值和员工的能力价值。

（2）浮动薪酬。浮动薪酬随绩效水平和工作成果的变化而变化。浮动薪酬分为短期浮动薪酬和中长期浮动薪酬。月度绩效工资、季度绩效奖金、年度绩效奖金、专项奖金等属于短期浮动薪酬。若将一定数量的股权、期权作为报酬或奖励，则这部分股权和期权属于中长期浮动薪酬。短期浮动薪酬适用于养老机构的所有员工，而中长期浮动薪酬一般只适用于养老机构的管理人员和技术骨干。

（二）薪酬管理的目标

薪酬管理是指养老机构在经营战略和发展规划的指导下，综合考虑各种因素的影响，确定员工的基本报酬和激励性薪酬的结构、等级标准、发放方式等，并进行薪酬调整和薪酬控制的过程。在保证公平性和合法性的前提下，薪酬管理应达到以下目标：

（1）确保薪酬在劳动力市场上具有一定的竞争力，从而吸引并留住优秀人才。

（2）合理控制用人成本，提高劳动生产率，提升养老机构的竞争力。

影响薪酬管理的因素

（3）激励员工，即对员工的贡献给予充分的肯定，及时给予员工相应的回报。

（4）通过薪酬激励机制，将养老机构与员工的经济利益有机结合在一起，谋求养老机构与员工共同发展。

（三）薪酬体系的制定

养老机构内设有管理岗位、专业技术岗位、工勤技能岗位等，不同岗位的工作内容差别较大，因此应根据不同岗位的特点制定与岗位相匹配的薪酬体系。养老机构的薪酬体系主要有以下 3 种：

（1）岗位薪酬体系。岗位薪酬体系是指根据岗位的工作内容、要求、职责等因素制定的薪酬体系。岗位薪酬体系是在只考虑岗位本身的因素，不考虑员工个人因素的情况下制定的。岗位薪酬体系适用于服务项目和岗位结构相对固定的养老机构。

（2）技能薪酬体系。技能薪酬体系是指根据员工所掌握的工作技能和知识制定的薪酬体系。技能薪酬体系适用于工作内容比较具体而且能够被界定的专业技术人员。例如，养老机构对其内部的专职医师通常按照职称来定薪。

（3）绩效薪酬体系。绩效薪酬体系是指根据员工的工作绩效制定的薪酬体系，适用于营销、管理等易于衡量绩效的岗位。

岗位薪酬体系、技能薪酬体系和绩效薪酬体系的主要区别如表 5-2 所示。

表 5-2　薪酬体系的主要区别

项目	岗位薪酬体系	技能薪酬体系	绩效薪酬体系
定薪依据	岗位价值	技能水平	绩效水平
管理人员关注的重点	员工与岗位的匹配度	员工工作技能的高低	员工综合能力的强弱
员工关注的重点	职位晋升	工作技能的提高	综合能力的提高
优点	操作简单，管理成本低，能够实现同工同酬	能够激励员工提高工作技能	有利于员工个人目标与养老机构目标保持一致，促使员工承担更多的责任
缺点	缺乏激励机制，不容易调动员工的工作积极性	薪酬体系设计难度和薪酬管理难度均较大，人力资源成本高	需要周期性地更新能力评估体系，增大了绩效考核的难度；过于强调个人绩效，不利于团队合作

（四）薪酬的构成要素与定薪导向

薪酬的构成要素主要包括基本工资、工龄工资、学历工资、绩效工资、专项奖金。定薪导向是确定员工薪酬水平的重要依据。定薪导向是什么，员工就重视什么。例如，基本工资的定薪导向为岗位价值，若增大薪酬中基本工资的权重分值，员工就会重视职位晋升；学历工资的定薪导向为受教育程度，若增大薪酬中学历工资的权重分值，员工就会重视提高自己的受教育水平。薪酬的构成要素与定薪导向如表 5-3 所示。

表 5-3　薪酬的构成要素与定薪导向

类别	构成要素	定薪导向
固定薪酬	基本工资	岗位价值
	工龄工资	员工忠诚度
	学历工资	受教育程度
浮动薪酬	月度绩效工资	员工月度绩效
	季度绩效奖金	部门季度绩效
	年度绩效奖金	养老机构年度绩效
	专项奖金	特定项目绩效

（五）薪酬的变动范围

养老机构应根据服务特点、薪酬策略、岗位特点等因素确定员工薪酬的变动范围。一般来说，浮动薪酬占薪酬总额的比例越大，薪酬的激励作用就越大，员工收入浮动也越大。通常情况下，对技能水平要求较低的岗位，其薪酬的变动范围应小一些；对技能水平要求高的岗位，其薪酬的变动范围应大一些。

二、员工福利管理

员工福利是养老机构基于劳动关系，依据国家强制性法令及相关规定，向员工提供的用以提高其本人和其家庭生活质量的各种以非货币形式为主的补充性报酬与服务。员工福利体现了以人为本的经营理念。关爱员工、善待员工，为员工提供力所能及的福利，有利于养老机构在激烈的市场竞争中求得生存与发展。

（一）员工福利的分类

员工福利分为法定福利和补充福利。

（1）法定福利。法定福利是指法律和政策规定的、养老机构必须为员工提供的福利。法定福利包括社会保险（基本养老保险、基本医疗保险、生育保险、失业保险和工伤保险）、住房公积金和法定假期，如公休假日、法定节假日、带薪年休假。

（2）补充福利。补充福利是指在法定福利之外，养老机构自愿为员工提供的福利。补充

福利包括商业保险、年度体检、免费员工餐、免费下午茶、节日礼品（见图 5-7）、通勤班车、旅游、教育培训、文化娱乐活动等。补充福利与养老机构的经济效益和支付能力息息相关。如果养老机构的经济效益好，为提高员工的满意度和忠诚度，养老机构通常会为员工提供更好的补充福利。

图 5-7　节日礼品

（二）员工补充福利实施的步骤

1．员工补充福利调查阶段

养老机构在为员工提供补充福利前，应调查员工对福利的需要和偏好。养老机构可在调查同行提供的福利项目、福利提供方式、福利实际发挥的作用的基础上设计调查问卷，让员工对养老机构能够提供的福利项目排序，来了解员工对福利的需要和偏好。

2．员工补充福利规划阶段

补充福利调查结束后，就要进行补充福利规划。首先，养老机构要根据调查结果，初步拟定需要提供的福利项目，然后对福利成本做出预算，包括福利项目总成本、各个福利项目的成本、每名员工的福利成本等。

补充福利是养老机构为满足大多数员工的需求而提供的，员工通常只允许福利水平提高而不允许福利水平降低，福利水平一旦降低就会引起他们的不满。因此在进行福利预算时，不仅要考虑目前福利项目的成本，也要考虑福利项目成本的增长情况。如果福利项目的成本在预算范围内，可考虑提供该福利项目；如果福利项目的成本超出预算，则应重新选择福利项目。

福利项目确定后，还要制订详细的福利实施计划，如福利产品购买的时间、发放的时间、购买的程序、管理制度等。

3．员工补充福利实施阶段

在员工补充福利实施阶段，养老机构需要编写员工福利手册，向员工说明所提供的各项福利项目，使员工福利价值最大化。员工补充福利实施应兼顾原则性和灵活性，如果没有特殊情况，养老机构一定要严格按照制订的计划来实施员工补充福利，控制好福利成本；如果遇到特殊情况，养老机构也要灵活处理，确保福利项目的实施效果。

4. 员工补充福利反馈阶段

为充分发挥员工福利的激励作用，员工补充福利实施后，养老机构还要收集员工对补充福利的反馈，弥补补充福利调查、规划和实施阶段存在的不足。养老机构应定期开展补充福利满意度调查，了解员工对补充福利的意见和建议，及时采取措施优化补充福利；应关注同行或竞争对手为员工提供的补充福利的变化情况；应了解相关福利项目市场价格的变化，关注福利经费的使用状况。

同步案例

用福利留住养老人才

“近几年，养老护理员的队伍越来越年轻化，我们机构年轻的养老护理员占养老护理员总数的60%。”北京市M老年公寓的刘院长说。M老年公寓在甘肃、吉林、四川等省都有合作学校，这些学校为M老年公寓输送了大量的护理人才。

刘院长说：“我们老年公寓的人才流失率很低，因为我们特别关注一线养老护理员的福利待遇。我们会给员工过集体生日，组织各种集体活动，以丰富他们的业余生活。我们对养老护理员的工时有严格的管理规定，确保他们有充足的休息时间。这虽然在一定程度上增加了用工成本，但是能最大程度地保障养老护理员的权益，让他们能够以饱满的精神状态工作。此外，我们实行绩效考核制，坚持‘能者多劳、勤者多酬’原则，根据养老护理员的工作态度、工作量、服务质量等计算其绩效，还为节假日加班的养老护理员发放加班费和津贴，提高了他们的工作积极性。”

在养老护理员晋升方面，刘院长表示，M老年公寓有完善的晋升机制，为年轻的养老护理员提供了广阔的发展空间。录用的合作学校的养老护理员会被M老年公寓列入储备干部名单中，表现优秀者会被优先提拔。

（资料来源：刘妙妙、付佳，《养老护理人才如何引得来、留得住、用得好？》，《北京社区报》，2020年9月14日）

任务实施

案例描述：

小王是一位认真负责的年轻养老护理员，在某养老机构已工作4年。在这4年里，小王的绩效考核成绩总是名列前茅。某天，小王偶然得知入职未满一年的养老护理员小马的月薪与自己的月薪相当。小王与小马毕业的学校层次相当，且两人都是作为应届毕业生被录用的。

小王心有不甘，去找人事部主任评理。人事部主任说："你进入养老机构时的月薪是依据你个人的薪资要求与当时的人力资源供需情况确定的。在这 4 年里，你的护理水平也提高了很多。至于小马的薪资，同样取决于他个人的薪资要求与人力资源供需情况。虽然你的护理水平在小马之上，但是现在的招聘行情不一样了，若还是按原来的薪酬标准招聘，基本上招不到符合要求的人才。"小王听了人事部主任的话后很生气，认为自己的付出与回报不成正比。两天后，小王提交了辞职申请。

实施要求：

（1）每组 3～5 人，并选出一名组长。

（2）以小组为单位，讨论以下问题：① 该养老机构的薪酬管理存在哪些问题；② 该养老机构可选择哪几种薪酬体系，并说明每种薪酬体系的特点；③ 确定该养老机构养老护理员岗位的薪酬构成要素与定薪导向。

（3）组内成员达成一致意见后，由组长在课堂上分享讨论结果，并解答教师和其他小组成员提出的问题。

学习成果自测

1. 填空题

（1）内部招聘的方法主要有布告法、____________和档案法。

（2）养老机构的招聘流程为招聘准备、____________和招聘评估。

（3）______________原则强调从实际工作需要的角度出发，根据岗位职责和任职要求选拔、录用人才。只有坚持因事择人，才能实现事得其人、人适其事。

（4）一般来说，员工的绩效计划的制订包括准备阶段、____________与确认阶段。

（5）使用____________进行绩效考核时，首先需要按照"两头小、中间大"的正态分布规律，确定优秀、良好、一般、合格和不合格共 5 个等级的比例，然后按照员工的绩效分数，将员工列入不同的等级中。

（6）薪酬由_______薪酬和_______薪酬组成。其中，_______薪酬随绩效水平和工作成果的变化而变化。

（7）____________是养老机构基于劳动关系，依据国家强制性法令及相关规定，向员工提供的用以提高其本人和其家庭生活质量的各种以非货币形式为主的补充性报酬与服务。

2. 选择题

（1）某养老机构想要招聘 5 名持证医师，不适合使用的招聘方法是（　　）。

A．猎头招聘　　B．网络招聘

C．校园招聘　　D．熟人推荐

（2）下列关于养老机构招聘与培训管理的说法正确的是（　　）。

A．外部招聘的缺点是容易使养老机构陷入人才同质化的困境

B．在多数情况下，招聘工作由用人部门主导，人事部无须参与

C．分析培训需求主要是为了确认培训的必要性

D．培训目标不能作为评估培训效果的依据

（3）下列关于养老机构绩效管理的说法正确的是（　　）。

A．员工的绩效计划由绩效管理人员制订，不需要征求员工的意见

B．部门的绩效计划应根据养老机构的年度经营计划和部门的年度工作计划等制订

C．部门级关键绩效指标应根据岗位级关键绩效指标制定

D．关键绩效指标的权重不能体现被评价的绩效项目的重要程度

（4）下列关于养老机构薪酬管理的说法错误的是（　　）。

A．月度绩效工资、季度绩效奖金、年度绩效奖金、专项奖金属于短期浮动薪酬

B．技能薪酬体系是指根据员工所掌握的工作技能和知识制定的薪酬体系

C．浮动薪酬占薪酬总额的比例越大，薪酬的激励作用就越小

D．岗位薪酬体系是指根据岗位的工作内容、要求、职责等因素制定的薪酬体系

（5）下列关于养老机构福利管理的说法正确的是（　　）。

A．补充福利是指法律和政策规定的、养老机构必须为员工提供的福利

B．法定节假日、带薪年休假属于补充福利

C．养老机构可根据其经营状况为员工提供补充福利，无须调查员工对福利的需要和偏好

D．在进行福利预算时，不仅要考虑目前福利项目的成本，也要考虑福利项目成本的增长情况

3．简答题

（1）养老机构应如何分析培训需求？

（2）什么是平衡计分卡法？

（3）养老机构绩效考核的内容有哪些？

（4）简述养老机构员工福利的类型。

学习成果评价

进行学习成果评价，并将评价结果填入表 5-4 中。

表 5-4 学习成果评价表

<table>
<tr><td>班级</td><td></td><td>组号</td><td></td><td>日期</td><td></td></tr>
<tr><td>姓名</td><td></td><td>学号</td><td></td><td>指导教师</td><td></td></tr>
<tr><td>项目名称</td><td colspan="5">养老机构人事管理</td></tr>
<tr><td>评价项目</td><td colspan="2">评价内容</td><td>分值</td><td>自我评分</td><td>教师评分</td></tr>
<tr><td rowspan="3">理论知识
（50%）</td><td colspan="2">招聘渠道、招聘流程、招聘管理和培训管理</td><td>20</td><td></td><td></td></tr>
<tr><td colspan="2">绩效计划、绩效监控、绩效考核和绩效反馈</td><td>20</td><td></td><td></td></tr>
<tr><td colspan="2">薪酬管理和员工福利管理</td><td>10</td><td></td><td></td></tr>
<tr><td rowspan="3">实践技能
（30%）</td><td colspan="2">能够根据招聘需求选择合适的招聘渠道和招聘方法</td><td>10</td><td></td><td></td></tr>
<tr><td colspan="2">能够根据培训对象的特点制定培训方案</td><td>10</td><td></td><td></td></tr>
<tr><td colspan="2">能够协助绩效管理人员管理员工的绩效</td><td>10</td><td></td><td></td></tr>
<tr><td rowspan="4">综合素养
（20%）</td><td colspan="2">遵守课堂纪律，积极回答问题</td><td>5</td><td></td><td></td></tr>
<tr><td colspan="2">养成细致、专注、严谨的学习态度</td><td>5</td><td></td><td></td></tr>
<tr><td colspan="2">树立终身学习理念</td><td>5</td><td></td><td></td></tr>
<tr><td colspan="2">树立以人为本的管理理念</td><td>5</td><td></td><td></td></tr>
<tr><td colspan="3">合　计</td><td>100</td><td></td><td></td></tr>
<tr><td>自我评价</td><td colspan="5"></td></tr>
<tr><td>教师评价</td><td colspan="5"></td></tr>
</table>

项目六 养老机构财务管理

项目引言

财务管理是养老机构组织财务活动、处理财务关系的一项经济管理工作，涉及资金的筹集、分配、使用、清偿等，对于促进养老机构合理地使用资金、加速资金周转、提高经济效益和市场竞争力具有重要意义。养老机构应建立健全财务管理体系，确保有充足的资金用于日常经营，最大程度地提高资金的利用效率，降低财务风险，以保障自身的正常运转和可持续发展。

知识目标

- 掌握财务管理的原则、内容和环节。
- 熟悉预算的分类和养老机构财务预算的编制方法、执行与调整。
- 熟悉财务控制的分类、方法和制度。
- 了解财务分析的内容和方法。

素质目标

- 通过学习与财务预算相关的知识，树立规划意识。
- 通过学习与财务控制相关的知识，培养正确的消费观念。

任务一　认识养老机构财务管理

任务导入

养老机构的财务管理状况

近几年，养老行业蓬勃发展，全国各地的养老机构如雨后春笋般涌现，它们在经营过程中难免遇到财务困境。下面介绍我国养老机构在财务管理方面的现状。

1．财务状况

部分养老机构运营良好，收入大于支出；部分养老机构运营压力大，资金周转困难。资金周转困难的养老机构大多缺乏规范的财务管理制度，运营成本较高，收入与支出不成正比，存在物资消耗大、资金利用效率低、服务成本过高等问题。

2．财政补贴状况

部分养老机构获得了财政补贴，包括床位、运营、建设等方面的补贴。部分养老机构的从业人员获得了服务年限补贴、职业资格证书补贴、公益性岗位补贴等。

3．资金运营

养老机构的启动资金主要来源于股东集资、银行贷款和财政补贴。大部分养老机构日常运营所需资金主要来源于自身的营业收入。一些小型养老机构营业收入难以满足其日常经营的需要，需要依靠财政补贴来维持。

4．财务控制

近一半的养老机构缺乏财务控制制度，账目混乱，财务信息不准确，从而增大了决策的风险。此外，缺乏财务控制制度还可能导致这些养老机构违反财务规定，造成严重的经济损失，进而面临罚款处罚、诉讼和声誉损失。

财务管理不仅涉及养老机构的财务状况和经营成果，而且会对养老机构的筹资决策、投资决策和运营管理等方面产生直接影响。养老机构应通过财务管理更好地规划和组织财务活动，优化资源配置，降低财务风险，提高经济效益。

思考：

（1）什么是财务管理？

（2）财务管理包括哪些内容？

（3）财务管理有哪些环节？

一、财务管理的原则

财务管理是对经营活动中有关资金的筹集、分配、使用、清偿等业务进行决策、计划、组织、执行和控制等工作的总称。养老机构财务管理的原则主要有资金结构优化原则、收支平衡原则、成本效益原则和利益关系协调原则。

（一）资金结构优化原则

资金结构是指各种资金的构成及其比例关系。在一定时期内，如果养老机构的综合资金成本率最低而价值最大，则该时期的资金结构为最佳资金结构。最佳资金结构取决于养老机构财务风险与资金成本的权衡。因此养老机构在确定最佳资金结构时，应主要考虑其面临的财务风险与所筹资金的成本。养老机构在财务管理过程中遵循资金结构优化原则有利于降低筹资成本和财务风险，提高资金的使用效率。

（二）收支平衡原则

收支平衡是指收入与支出在数量和时间上达到动态平衡。在实践中，收入与支出的绝对平衡是罕见的，人们往往把收入大于支出且略有结余视为收支平衡。养老机构在财务管理中遵循收支平衡原则，通过合理地安排收入和支出，能够避免出现资金短缺或资金过剩的情况。此外，养老机构在做出拓宽销路、控制成本、投资理财等决策时，也应遵循收支平衡原则。

（三）成本效益原则

成本效益原则要求养老机构对其经营活动的成本和效益进行分析，对其经济行为的得失进行衡量，使成本与效益得到最佳结合。养老服务事关百姓的福祉，养老机构要将安全管理与服务质量放在首位，承担一定的社会责任，在此前提下才能追求利润最大化。养老机构可通过有效的成本控制和资源管理降低运营成本，提高资金的使用效率；在制定财务决策时，应充分考虑经济效益和社会效益，以实现自身的长远发展和增进老年人的福祉；关注投资回报率，确保投资的经济效益。

（四）利益关系协调原则

利益关系协调原则要求养老机构在日常经营中协调好与各方的经济利益关系及内部各部门间的经济利益关系。具体来说，养老机构应从全局出发，积极履行国家法律法规及相关政策规定的权利与义务，正确处理与政府、投资者、债权人的关系，推动养老事业发展；保障老年人的基本权益，提供符合他们需求的服务，提高他们的生活质量；重视员工的职业发展和个人成长，为其提供良好的工作环境和培训机会，增强其工作责任心，提高其对养老机构的满意度。

二、财务管理的内容

财务管理的内容一般包括建立和健全财务管理机构、规章制度，根据计划、预算和定额资料编制财务计划，资金筹集、资金投放、债务偿还、日常的资金管理和利润分配，及时完成应交税费和其他应交国家的款项，办理应收应付款的结算，核算、分析财务计划的执行情况，监督财经纪律遵守情况等。下面仅从资金筹集、资金投放、营运资金管理和利润分配4个方面，介绍养老机构财务管理的内容。

（一）资金筹集

资金筹集是其他财务管理活动开展的基础。养老机构应以最低的成本获得足够多的资金，以满足自身经营发展的需要。养老机构在进行经营活动前，需要筹集一定数量的资金。养老机构常采用的资金筹集方式有申请财政补贴、发行股票、发行债券、申请银行贷款（见图6-1）等。

养老机构筹资的渠道

图6-1　申请银行贷款

养老机构资金筹集的主要内容有：① 分析自身的经营状况，确定筹资金额和筹资方式；② 根据资金筹集的难度和成本，选择经济、可行的筹资渠道；③ 根据资金需求的具体情况，合理安排资金的筹集时间，适时获取所需资金，使筹资与用资在时间上相衔接；④ 综合考虑股权资本与债权资本、长期资金与短期资金的构成和比例，合理安排资金结构；⑤ 识别和评估筹资风险，制定相应的风险管理措施。

（二）资金投放

养老机构筹集到资金后，应将该资金投入到经营活动中，以获取利润。养老机构可将其筹集到的资金用于对内投资，如兴建房屋、购买设备、开发新的服务项目等；也可用现金、实物或无形资产等对外投资，如购买债券、投资其他企业等。养老机构无论是对内投资还是对外投资，目的都是获取价值增值。

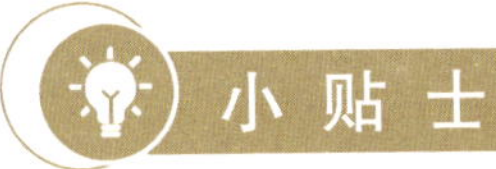

无形资产是养老机构拥有或控制的没有实物形态的可辨认的非货币性资产，如专利权、非专有技术、商标权、特许权、土地使用权等。

养老机构在资金投放过程中，必须合理确定投资规模，选择合适的投资时机和投资方式，合理安排投资结构，以降低投资风险，提高投资效益。

（三）营运资金管理

养老机构在日常的经营活动中会产生一系列经常性的营运资金收支。例如，养老机构要采购原材料以提供膳食服务，要支付员工薪酬和其他费用，但是在提供产品与服务后，也会获得相应的收入。营运资金管理是对这种短期资金的流入、流出的管理。营运资金周转速度越快，资金利用效率就越高，养老机构获取的利润也越多。若养老机构的营运资金不能满足日常经营的需要，则可采用合适的筹资方式筹集营运资金。

（四）利润分配

养老机构在投资和日常经营活动中获得的收入首先要用于缴纳税费和发放工资，并支付其他经营成本。扣除各项成本后，剩余部分还要用于弥补往年的经营亏损，并提取法定盈余公积（按照规定从税后利润中提取的用于养老机构进行积累的资金）。除按规定提取法定盈余公积外，养老机构可适当留存一部分资金用于未来扩大经营。在进行利润分配时，养老机构要正确处理长期利益和短期利益的关系，坚持分配和积累并重。

三、财务管理的环节

财务管理的环节是根据财务管理工作的程序划分的，主要包括财务预测、财务决策、财务预算、财务控制和财务分析。

（一）财务预测

财务预测是指根据养老机构财务活动的历史资料和现实情况，使用科学的方法对养老机构未来财务活动进行科学的预计和测算。财务预测主要包括销售预测、成本预测、利润预测、资金需求的预测等。养老机构可通过测算其收入、成本、现金流量和盈利水平，为筹资方案、经营方案、投资方案、利润分配方案等的制订提供依据。

（二）财务决策

财务决策是指对财务方案、财务政策进行选择和决定的过程。财务决策的目的在于确定最为令人满意的财务方案，实现养老机构价值最大化的财务管理目标。财务预测是财务决策的基础与前提，财务决策是在分析财务预测结果的基础上形成的。

财务决策的一般步骤是：① 根据财务预测信息提出问题；② 制订解决问题的方案；③ 分析、对比、评价制订的方案；④ 拟订方案的选择标准并选出最优方案。

（三）财务预算

财务预算是指用货币的形式反映养老机构未来某一特定期间的有关现金收支、资金需求、资金融通、营业收入、成本及财务状况等方面的详细计划，包括现金预算表、预计现金流量表、预计利润表、预计利润分配表、预计资产负债表等。财务预算是养老机构组织和管理财务活动的依据。养老机构应建立健全财务预算制度，对收入、支出进行有计划的控制，以提高经济效益，实现收支平衡。

（四）财务控制

财务控制是指对养老机构的资金运动进行组织、衡量、约束和校正，以确保财务计划目标实现的一项管理活动。财务控制的方式多种多样。按控制活动发生时间的不同，财务控制可分为事前控制、事中控制和事后控制；按控制对象的不同，财务控制可分为资产控制、负债控制、成本控制、收入控制等；按控制方式的不同，财务控制可分为定额控制、预算控制和开支标准控制。通过财务控制，养老机构可以使财务计划与财务制度对财务活动发挥规范与组织作用，从而将资金占用与各项费用控制在预定目标范围内。

（五）财务分析

财务分析是指以养老机构的财务报表及所附资料为基础，对养老机构财务活动的过程和结果进行研究、评价，以分析养老机构在经营过程中的利弊得失、财务状况及发展趋势的过程。财务分析既是对本期已完成的财务活动的总结，也是进行下一期财务预测的依据。通过财务分析，养老机构可以掌握各项财务指标的完成情况和偿债能力、盈利能力、营运能力、发展能力等，从而为评价和改进财务管理工作并为未来进行经济决策提供重要的财务信息。

某敬老院财务管理的基本要求

为规范财务收支行为，提高资金的利用效率，某敬老院制定了财务管理的基本要求，其中的部分内容如下：

（1）强化账户管理。敬老院应建立独立的会计账户，所有资金收入直接进入或转账至专用账户，各项收入（含接收的社会捐赠）必须纳入敬老院的账户统一核算。

（2）规范审批手续。务必严格按照流程审批敬老院的各项支出，审批表由经办人、部门领导和财务部门主管签字后方可报销，否则一律不予报销。各项支出的原始凭证必须为合法票据，严禁白条或未经审批的发票入账。

（3）建立监督机制。推选老年人代表参与监督敬老院的财务收支。

(4) 不在外赊账举债。任何人不得用敬老院的资产为任何单位或个人提供信用抵押、担保。

(5) 杜绝财务犯罪行为。财务人员应当遵守《中华人民共和国会计法》等法律法规，执行国家统一的会计制度，严禁虚报冒领、挤占挪用、贪污浪费、截留私分各项资金。敬老院院长、财务部门主管在离职时应进行财务移交，由接任院长或其他人员组织清查账目。对违反规定的相关责任人和直接责任人按照相关法律法规严肃处理，构成犯罪的，移送司法机关处理。

任务实施

案例描述：

为扩大市场份额，某养老机构决定加速对外扩张，于是通过申请银行贷款和财政补贴、发行债券等途径获得了一定数量的资金。随着规模的扩大和运营成本的增加，该养老机构的营运资金支出超出预期。为了避免出现资金短缺情况，该养老机构的管理者决定提高服务收费，减少养老护理员的数量。这一做法引起了老年人及其家属的强烈不满，致使入住率下降。

但是入住率下降并没有引起该养老机构管理者足够的重视，他们也没有及时采取有效的解决措施，而是继续扩大经营规模。但经营规模扩大使得运营成本进一步增加，入住率持续下降，再加上缺乏有效的财务控制和监督机制，资金挪用和浪费现象严重，该养老机构的资金链很快便断裂了。

实施要求：

(1) 学生自由分组，每组 3～5 人，从中选出一名组长。

(2) 小组成员结合上述案例描述，分析下列问题：① 该养老机构违反了哪些财务管理原则？② 该养老机构应如何加强财务管理？

(3) 组内成员达成一致意见后，由组长在课堂上分享分析和讨论结果。教师还可以根据各小组的分享内容设置问题，引导学生深入思考。

任务二　养老机构财务预算

任务导入

财务预算的重要性

一位股票投资者在阅读某养老机构的年度财务报表时，发现预计利润表中的主营业务收入为 6.52 亿元，现金流量表中销售产品、提供劳务所获得的现金为 5.23 亿元，二者相差 1 亿多元。这可能是正常的，因为存在赊销。但在预计资产负债表中，该养老机构年末的应收账款只有 0.14 亿元。这位投资者产生了疑惑：近 1 亿的收入为什么在现金流量表与资产负债表中未能体现出来？是该养老机构的财务报表存在问题吗？

上述案例涉及财务报表中的等式关系。在财务报表中，有些财务项目之间可以构成等式，如：收入−费用=利润。但是如果养老机构没有编制财务预算报表，也没有做好预算管理，就容易出现上述案例中的现象。如果养老机构进行全面预算管理，就可以得知财务预算方案中的数据是否连续、完整、合理。

凡事预则立，不预则废。财务预算作为全面预算的组成部分，有利于对养老机构内部各部门合理地进行财务资源分配和控制，从整体上组织和协调财务活动，确保日常经营活动高效、科学地进行。

思考：

（1）财务预算包括哪些内容？

（2）财务预算的编制方法有哪些？

一、预算的分类

预算的分类标准很多，下面按照预算内容和预算期的长短对养老机构的预算进行分类。

（一）按照预算内容分类

按照预算内容，养老机构的预算可以分为业务预算、资本支出预算和财务预算。

1. 业务预算

业务预算又称营业预算，是指养老机构为在日常经营活动中发生的各种活动编制的预算，主要包括销售预算、采购预算、直接人工预算、经营费用预算、管理费用预算等。

2. 资本支出预算

资本支出预算是指养老机构为在预算期内不经常发生的长期投资项目或一次性专门业务所编制的预算，如扩建房屋、购置固定资产等方面的预算。

3. 财务预算

财务预算主要包括现金预算、预计现金流量表、预计利润表、预计利润分配表和预计资产负债表。

（1）现金预算。现金预算是指以业务预算和资金支出预算为基础编制的、反映养老机构现金收支情况的预算。这里所说的现金包括养老机构的库存现金、银行存款、银行汇票等。

（2）预计现金流量表。预计现金流量表是指反映预算期内养老机构现金流入与流出情况的财务报表。编制预计现金流量表是为了了解养老机构获取现金和现金等价物的能力，说明经营活动、投资活动、筹资活动对现金流入、流出的影响。

（3）预计利润表。预计利润表是以货币形式综合反映预算期内养老机构经营活动成果的财务报表。预计利润表是在成本预算、应交税费及附加预算、营业费用预算、管理费用预算

和财务费用预算等的基础上编制而成的。表 6-1 为某养老机构编制的预计利润表。

表 6-1　某养老机构编制的预计利润表

项目	上期实际数/元	本期预算数/元
一、主营业务收入	55 200	60 000
减：主营业务成本	10 000	10 000
应交税费及附加	5 200	6 000
二、主营业务利润	40 000	44 000
加：其他业务利润	0	0
减：营业费用	1 500	1 300
管理费用	1 500	1 500
财务费用	1 000	1 200
三、营业利润	36 000	40 000
加：投资收益	0	0
补贴收入	0	0
四、利润总额	36 000	40 000
减：所得税	3 000	4 000
五、净利润	33 000	36 000

（4）预计利润分配表。预计利润分配表是指反映养老机构在预算期内对实现的净利润的分配或对亏损弥补的财务报表。通过查看预计利润分配表，可以了解养老机构净利润的分配情况或亏损的弥补情况。

（5）预计资产负债表。预计资产负债表是指养老机构依据其当前的实际资产负债表和预算期内的业务预算、现金预算、预计利润表、资本支出预算等编制的总括性财务报表。预计资产负债表可以反映养老机构在预算期末的财务状况，有助于管理者预测养老机构在未来一定时期内的经营状况，并采取适当的改进措施。

（二）按照预算期的长短分类

按照预算期的长短，预算可分为长期预算和短期预算。其中，长期预算是指预算期超过一年的预算。短期预算是指年度预算、季度预算、月度预算。通常情况下，资本支出预算为长期预算，业务预算为短期预算。

二、财务预算的编制方法

财务预算的编制方法有多种，主要包括固定预算与弹性预算、增量预算和零基预算、定期预算与滚动预算。每种编制方法都存在优点和缺点，财务预算编制人员应根据预算项目的特点进行选择。

（一）固定预算与弹性预算

根据预算期内业务量水平是否变化，财务预算的编制方法可分为固定预算和弹性预算。

1. 固定预算

固定预算是指根据预算期内正常的、可实现的固定业务量来编制预算的方法。使用这种方法编制财务预算时，无论预算期内业务量水平可能发生哪些变化，均按事先确定的业务量水平进行编制。固定预算的优点是财务预算编制过程简单，编制成本低，缺点是适应性和可比性差。固定预算适用于业务量水平稳定或成本较固定的预算项目。

2. 弹性预算

弹性预算是指以业务量、成本和利润之间的依存关系为依据，以预算期内可能发生的业务量变化为基础编制预算的方法。弹性预算能够反映预算期内可预见的多种业务量水平对应的预算额，适用于业务量水平不断变化的预算项目。

（二）增量预算和零基预算

根据预算编制的基础不同，财务预算的编制方法可分为增量预算和零基预算。

1. 增量预算

增量预算是指以基期的业务量水平和成本费用消耗水平为编制预算的基础，根据养老机构预算期的经营目标和实际情况，结合市场竞争态势，通过对基期的指标数值进行增减调整而确定预算期指标数值的方法。增量预算的优点有：① 预算编制工作量较少；② 预算的变化是循序渐进的，可避免各项经营业务的预算产生剧烈的波动。增量预算的缺点是它不加分析地保留或接受原有的费用项目。

2. 零基预算

零基预算是指不考虑以往产生费用的项目和费用数额，一切从实际需要出发，逐项审议预算期内各个项目的内容及其开支标准，在综合平衡各项目和费用的基础上编制财务预算的方法。零基预算的优点有：① 可去除以往开支中不合理的部分，有效分配资金；② 促使与成本、费用有关的部门精打细算，提高资金的使用效益。零基预算的缺点是增大了编制财务预算的工作量和审核财务预算的难度。

（三）定期预算与滚动预算

根据预算期的时间特征不同，财务预算的编制方法可分为定期预算和滚动预算。

1. 定期预算

定期预算是指以不变的会计期间（如一年）作为预算期来编制预算的方法，是养老机构常用的预算编制方法。定期预算的优点是预算期与会计年度相吻合，便于用会计数据来考核和评价预算的执行效果。定期预算的缺点有：① 定期预算通常是在年初甚至上一年年末编制的，对预算期内的经营活动预测不够准确；② 灵活性差，经营活动在预算期内往往发生变化，定期预算却不能得到及时调整。

逐月滚动、逐季滚动和混合滚动

2．滚动预算

滚动预算是指根据上一期预算执行情况和新的预测结果，按既定的预算编制周期和滚动频率，对原有预算方案进行调整和补充，使预算期始终保持为一个固定期间的预算编制方法。滚动预算有逐月滚动、逐季滚动和混合滚动三种编制方式。在编制滚动预算时，预算期与会计年度脱离。滚动预算的优点是随着时间的推进，财务预算编制人员能够对预算不断调整和优化，使预算与实际情况相适应。滚动预算的缺点是编制财务预算的工作量大。

三、财务预算的执行与调整

财务预算一经批复、下达，各部门就应根据财务预算来组织、安排经营活动。养老机构应当建立财务预算报告制度，要求各预算执行部门定期报告财务预算的执行情况。财务部门应利用财务报表等监控财务预算的执行情况，及时向各部门提供财务预算的执行进度、执行差异及执行情况对养老机构财务预算计划的影响等信息，促使各部门完成财务预算计划。

财务预算一般不予调整，但在执行过程中，若市场环境、经营条件、政策法规等发生重大变化，致使财务预算的编制基础不成立，或者导致财务预算的执行结果产生重大偏差，则可对财务预算进行适当的调整。

任务实施

案例描述：

某养老机构部分预算项目如下：

（1）人力成本主要包括工资和培训费用等，预计明年招聘 10%的养老护理员。

（2）设备支出涉及家具、医疗设备、运动设备，预计明年更换一批桌椅。

（3）租赁土地的签约期为 5 年，预计下一次签约时土地租赁费用不变。

（4）管理费用和维修费用包括行政办公费用、水电费用、设备维修保养费用等，近 3 年的管理费用和维修费用趋于稳定。

（5）每周更新一次食谱，食品采购费用波动较大。

实施要求：

（1）判断上述案例中的每个项目所对应的财务预算分别属于哪种预算类型。

（2）判断上述案例中的每个项目所对应的财务预算应该使用哪种方法编制。

（3）教师随机选择几名学生回答上述问题。

任务三　养老机构财务控制

任务导入

加强财务控制　确保资金安全

在M敬老院，一群七旬左右的老年人每人每天竟消耗一斤大米，这明显不符合常理，并且引起了监管人员的注意。随着调查的深入，真相逐渐浮出水面：M敬老院的工作人员利用自己负责采购大米的职权，多次以虚增大米采购数量、虚开采购发票的方式套取资金。此外，M敬老院每年的设备维修费用高达9万余元，而周边其他敬老院的设备维修费用只有1万～2万元，这项不符合常理的财务支出的背后，却是管理人员虚开维修发票，把财政补贴资金揣进自己的腰包。最终，该敬老院的3名工作人员被立案处理。

这些事件暴露出M敬老院的财务控制制度不健全，该敬老院对资金使用、物资采购、工程维修等方面的日常监管不到位，对资金管理的要求不明确。养老机构财务经费的使用是问题频发环节，一些工作人员在米、面、油、肉、菜及日常用品采购中打擦边球。虽然这些违纪违法的工作人员职位不高，但对养老机构资金的合理使用和科学管理影响较大，他们的行为严重损害了老年人的切身利益。

养老机构应加强财务控制，对资金的使用进行严格管理。例如，建立养老机构米、面、油、肉、菜等生活必需品集中采购机制、非现金结算机制、重要财务岗位轮岗制度等，从制度层面斩断以权谋私的黑手。

（资料来源：顾敏，《敬老院老人每人每天一斤大米？常州严查养老机构管理领域“微腐败”》，新华日报社全媒体时政新闻，2022年2月17日）

思考：

（1）财务控制有哪些方法？

（2）财务控制制度的设计原则有哪些？

一、财务控制的分类

财务控制可分为财务目标控制、财务预算控制和财务制度控制三种类型。

（1）财务目标控制。财务目标控制是指以财务目标为依据，对养老机构各部门的财务活动进行指导、调节与干预，使之符合财务目标要求的一种财务控制形式。

（2）财务预算控制。财务预算控制是指以财务预算为依据，对预算执行主体的财务收支活动进行监督、调整，使之符合财务预算目标的一种财务控制形式。财务预算控制表明了预

算执行主体的责任与目标，规定了预算执行主体的行为，对扩大业务具有一定的激励作用。

（3）财务制度控制。财务制度控制是指通过制定养老机构内部的财务规章制度，约束养老机构各部门财务收支活动的一种财务控制形式，规定了养老机构各部门能做什么，不能做什么。

二、财务控制的方法

养老机构常用的财务控制方法有防护性控制、前馈控制和反馈控制。

（一）防护性控制

防护性控制又称排除干扰控制，是指在财务活动发生前制定一系列制度和规定，把可能产生的差异予以排除的一种财务控制方法。例如，为了保证现金收支安全，事先规定现金的使用范围，制定内部审批制度；为了节约各项开支，事先规定开支标准；为了保护财产安全和保证财务信息准确、有效，规定由几个人担任不相容的职务（如规定钱账分管、账物分管）；等等。防护性控制具有可操作性强、应用简便等特点，是养老机构进行财务控制常用的方法。在财务管理中，事先制定的标准、制度、规定都可以看作防护性控制。

（二）前馈控制

前馈控制又称补偿干扰控制，是指通过监视财务系统的运行，运用科学的方法预测可能出现的偏差，采取一定措施使差异得以消除的一种财务控制方法。常见的前馈控制措施包括合理安排资本结构、确保财务结构平衡、建立财务预算体系等。例如，在预测养老机构的偿债能力时，要密切关注负债总额与资产总额的比率，预测该比率的发展趋势。若发现该比率将变得不合理，就要使用合适的方法对负债和资产进行调整，使它们保持在合理水平。前馈控制是一种比较有效的财务控制方法，但是要求财务人员掌握大量的数据信息，并且能够准确预测。

（三）反馈控制

反馈控制又称平衡偏差控制，是指通过分析财务活动的实际结果与预期结果之间产生差异的原因，采取切实有效的措施，调整实际财务活动或财务计划，使差异得以消除或避免今后出现类似差异的一种财务控制方法。反馈控制是根据实际偏差随时调整的，使用方便，一般不需要提前掌握太多信息。财务活动易受外部环境的干扰，当财务活动的实际结果与预期结果之间的偏差不能预计或频繁发生时，可使用反馈控制进行财务控制。

财务控制的特征

三、财务控制制度

（一）财务控制制度的设计原则

要使财务控制制度满足养老机构财务管理的需要，在设计财务控制制度时，就必须遵守下列原则。

1. 合法性原则

财务控制制度本身是一种规范的准则，必须符合国家有关法律法规、政策和标准的要求。

2. 制约性原则

制约性原则主要体现在以下两个方面：① 每一位财务控制制度的执行者都要按照规定的权利与义务实施财务控制活动，任何人都不能超越制度的限制；② 财务部门要使用内部稽核等方法保证账证、账账、账实相符，发生差异时要采取适当的措施，确保信息与资料一致。

3. 全面性原则

在设计财务控制制度时，必须全面考虑问题。财务控制制度应当涵盖财务管理工作所涉及的各项业务、各个岗位和决策、执行、监督、反馈等各个环节。

4. 牵制性原则

牵制性原则是指财务控制制度要确保不同部门和岗位之间权责分明，形成相互制约、相互监督的局面。一般来说，养老机构的计划审批权、采购权、合同审查权、质量检验权、货款支付权应相分离，以防相关人员滥用职权、徇私舞弊。

5. 效益性原则

如果财务控制程序过于复杂，会使财务控制的实施成本大增。因此在设计财务控制制度时，要考虑财务控制的效益，以较低的控制成本达到理想的控制效果。

（二）财务控制制度示例

为促进财务管理规范化，防范财务风险，养老机构应制定财务控制制度。下面以某养老机构为例，介绍其财务岗位制度、会计核算制度和资产管理制度。

1. 财务岗位制度

（1）财务人员应当遵守《中华人民共和国会计法》等法律法规和国家统一的会计制度，具有良好的职业道德，按照国家有关规定参加继续教育，具备从事财务工作所需要的专业能力。

（2）财务岗位设置符合不相容职务分离原则。会计人员与出纳人员不能为同一个人，出纳人员不得兼任稽核、会计档案保管和收入、支出、负债账目的登记工作。

（3）财务岗位实行亲属回避制度和重要岗位轮岗制度。养老机构的法定代表人或负责人的直系亲属不得担任财务部门主管，财务部门主管的直系亲属不得担任出纳工作。同一个人在出纳岗位、资金管理岗位上的持续任职时间原则上不得超过两年。

（4）财务部门主管对会计工作、会计资料和会计信息的真实性、完整性负责，对会计基

础工作负有领导责任。

（5）财务人员工作调动或离职时，必须按规定与接管人员办理交接手续。普通财务人员办理交接手续由财务部门主管负责监交，财务部门主管办理交接手续由养老机构负责人监交。

如果说出纳是负责财物支付与收入的人员，那么会计就是负责结算与记账的人员。2～3 人一组，讨论会计人员与出纳人员为什么不能为同一个人。教师随机选择几名学生，让其分享讨论结果。

2. 会计核算制度

（1）应根据《中华人民共和国会计法》等法律法规和国家统一的会计制度设置会计科目，填写会计账簿（见图 6-2），进行会计核算，编制财务会计报告。

图 6-2　会计账簿

（2）必须根据实际发生的经济业务，按照国家统一的会计制度确认、计量和反映资产、负债、收入、支出、成本、利润，提供合法、准确、完整的会计信息。凡取得的增值税发票必须通过国家税务总局全国增值税发票查验平台查验，查验属实后方可报销入账。不得将虚假发票、白条或不真实的发票入账。

（3）会计账簿上的信息必须以审核通过的会计凭证为依据登记，并且应当根据经过审核的原始凭证及有关资料填制会计凭证。必须按照规定的程序进行会计账务处理，确保会计账簿记录的内容与实物及款项的实有数额、会计凭证的有关内容、其他会计账簿相应的记录、会计报表的有关内容相符。不得伪造、变造会计凭证和会计账簿，不得编制虚假的会计报表。

（4）不得随意改变资产、负债、所有者权益等的确认标准和计量方法，不得虚列、隐瞒收入，不得提前、推迟确认收入，不得虚列、多列、少列资产、负债、所有者权益、成本。

所有者权益是指资产扣除负债后，由养老机构所有者享有的剩余权益。所有者权益是所有者对净资产的索取权。

（5）养老机构的所有财务收支应当全部纳入本机构财务账户统一管理、统一核算，不得在法定会计账册之外设立其他账册。

（6）养老机构的银行账户只限本机构会计核算使用，不得向其他个人或单位出借、出租。

3．资产管理制度

（1）对资产实行分类管理，建立健全资产管理制度，完善固定资产购置、领用、处置、清查盘点等日常管理制度。

（2）按照《现金管理暂行条例》的要求，严格执行关于库存现金限额、现金使用范围、现金发放手续等的规定。

（3）建立现金收支和银行存款日记账制度，按照业务发生的顺序，逐日逐笔登记明细分类账，做到日清月结，账款相符。

（4）加强财务印章管理。财务专用章由专人保管，个人名章必须由本人或其授权人员保管。严禁一人保管支付款项所需的全部印章。

（5）获得的现金收入应及时存入养老机构的银行账户，不得从现金收入中直接支付款项。

修身笃学

于学生而言，进行财务控制就是管理自己的学费、生活费等，通过合理的预算和支出规划，节省不必要的开支，避免陷入经济困境。

任务实施

案例描述：

某养老机构在创办之初，院长认为本机构规模小，没有必要进行严格的财务控制。然而随着养老机构的发展，入住的老年人越来越多，财务活动越来越频繁，财务控制问题逐渐显现。这些问题具体表现为：① 养老机构的资金管理混乱，采购人员常常未经授权就购买计划外的物资，有时未经院长签字就购入设备；② 出纳人员没有及时记录每天的现金支出；③ 护理团队不断发展壮大，但是人员流失率长期居高不下，使得员工薪酬方面经常超支。

实施要求：

（1）学生自由分组，每组 3～5 人，从中选出一名组长。

（2）小组成员结合上述案例描述，分析下列问题：① 该养老机构可以使用哪些财务控

制方法进行财务管理？② 该养老机构应制定怎样的财务控制制度？

（3）组内成员达成一致意见后，由组长在课堂上分享分析和讨论结果。教师还可以根据各小组的分享内容设置问题，引导学生深入思考。

任务四　养老机构财务分析

任务导入

基于财务报表分析养老机构的经营状况

Y 公司是一家营业不到 5 年的综合性养老机构，以生活照料服务和医疗护理服务为主营业务，同时经营医疗器械销售和老年人生活用品制造业务。通过分析 Y 公司的财务报表，并将其中的数据与行业平均数据对比，得出以下结论：

生活照料服务和医疗护理服务对 Y 公司的利润增长贡献最大，其次是医疗器械销售和老年人生活用品制造业务。值得注意的是，Y 公司的医疗器械销售利润率低于行业平均水平，说明该项业务的利润存在较大的提升空间，Y 公司应进一步提高医疗器械销售收入，降低医疗器械的采购成本。

大部分养老机构的资产负债率（负债总额与资产总额的比率）较高，Y 公司的资产负债率略高于行业平均水平。由于 Y 公司的盈利能力较强，可用于偿还负债的资金充足，资产负债率略高于行业平均水平是可以接受的。Y 公司在开拓新业务以创造更多利润的同时，也意识到了资产负债率较高，并且开始控制债务规模。

在近 3 年中，Y 公司的销售利润率稳步上升，这表明其总体盈利能力在不断提高。此外，Y 公司应收账款周转率近 3 年呈增长趋势，目前在行业中处于领先水平，这表明 Y 公司资金回收比较及时，资产流动速度快，总体营运能力强。基于这些稳步增长的数据，我们可以初步判断 Y 公司有着较强的发展能力，在养老服务行业具有一定的竞争优势。

思考：

（1）养老机构财务分析包括哪些内容？

（2）养老机构财务分析的方法有哪些？

一、财务分析的内容

财务分析是养老机构财务管理的重要环节，主要包括偿债能力分析、营运能力分析、盈利能力分析和发展能力分析。

（一）偿债能力分析

偿债能力是指养老机构清偿到期债务（包括本息）的能力。偿债能力分析包括短期偿债能力分析和长期偿债能力分析。短期债务是指需要在一年或一个营业周期内偿还的债务，短期偿债能力能够反映养老机构在短期内的财务能力。长期债务是指养老机构需要在一年或一个营业周期以后偿还的债务，长期偿债能力能够反映养老机构财务的安全性和稳定性。

（二）营运能力分析

营运能力是指养老机构营运资产的效率与效益。其中，营运资产的效率通常是指资产的周转速度；营运资产的效益是指营运资产使用的效果，通过将资产的投入与其产出相比来衡量。养老机构营运能力分析主要包括总资产周转情况分析、流动资产周转情况分析和固定资产周转情况分析。资产周转快、流动性大，有利于养老机构用较少的投入获取较多的收益，减少资金的占用和积压，从而提高营运能力。进行营运能力分析有助于评估养老机构的盈利能力，发现养老机构在日常经营活动中存在的问题。

（三）盈利能力分析

盈利能力是指养老机构获取利润的能力，它是养老机构在营销、获取现金、降低成本、规避风险等方面能力的综合体现。反映养老机构盈利能力的指标主要有销售利润率和成本利润率。其中，销售利润率是指养老机构在一定时期内的销售利润与销售收入的比值，反映销售收入的获利水平。成本利润率是指养老机构在一定时期内的净利润与其成本费用总额的比值，反映成本支出的获利程度。成本利润率越高，说明养老机构获利能力越强，成本费用管理水平越高。

（四）发展能力分析

发展能力是指养老机构在经营活动中，通过不断扩大和积累而形成的发展潜能。养老机构的发展能力在很大程度上取决于其未来获取利润的能力。衡量养老机构发展能力的指标主要有销售增长率、净利润增长率、总资产增长率等。这些指标越高，说明养老机构的成长性越好。发展能力分析对于判断养老机构在未来一定时期内的发展趋势、行业地位，以及养老机构制订中长期发展计划、进行投资决策等具有重要意义。

二、财务分析的方法

养老机构常用的财务分析方法有比较分析法、比率分析法和因素分析法。

（一）比较分析法

比较分析法是指通过对比实际数据与目标数据，分析、判断养老机构的经营状况和财务状况的方法。使用比较分析法进行财务分析时，通常会将养老机构当前的各项经营数据与历

史数据和预算数据对比，或将养老机构的各项经营数据与竞争对手的经营数据进行对比。

（1）与历史数据对比。将某个指标的当期数据与历史数据进行比较，如将今年第一季度的销售额与去年第一季度的销售额进行对比，可以清楚地知道该数据的变化情况。同一指标在不同历史时期的差异能够揭示养老机构经营活动的发展和变化情况。

（2）与预算数据对比。将养老机构的各项实际数据与预算数据进行比较，如将今年实际完成的销售额与预算销售额进行对比，可以清楚地知道养老机构财务预算的完成情况，找出实际经营活动与工作计划的差距。

（3）与竞争对手的经营数据对比。将养老机构的某些指标与竞争对手的经营数据进行比较，可以使该养老机构进一步明确自己在市场中所处的位置。

扫一扫

比率分析法的主要步骤

（二）比率分析法

比率分析法是通过计算两个相关项目数值的比率来评价经济活动效果的方法。比率指标主要包括结构比率和效率比率。

1. 结构比率

结构比率是指某一组成部分的数额与总体数额的比率。结构比率反映了部分在总体中的占比情况，揭示了养老机构资源结构分布的合理性。流动资产与总资产的比率、长期负债与负债总额的比率都是典型的结构比率。结构比率的计算公式为

结构比率=（某一组成部分的数额÷总体数额）×100%

2. 效率比率

效率比率是指某项经营活动的产出与投入的比率。例如，成本利润率反映了每一单位的成本能够实现的利润。成本利润率的计算公式为

成本利润率=（利润÷成本）×100%

养老机构常用的财务比率指标如表 6-2 所示。

表 6-2　养老机构常用的财务比率指标

指标	作用	计算公式
资产负债率	分析偿债能力	（负债总额÷资产总额）×100%
销售净利率	分析盈利能力	（净利润÷销售收入）×100%
应收账款周转率	分析营运能力	（销售收入÷应收账款平均余额）×100%
销售增长率	分析发展能力	（本期销售增长额÷上期销售收入）×100%

（三）因素分析法

一项财务指标通常不是由某个因素决定的，而是受多个因素的影响，且影响程度各不相同。因素分析法是先分析某个综合性财务指标的影响因素，然后确定各影响因素对该指标影

响程度的方法。

使用因素分析法进行财务分析的步骤如下：① 分析综合性财务指标的影响因素，然后按顺序排列这些因素；② 根据各个因素之间的依存关系，将其中的一个因素设为变量，其他因素暂时不变，依次用各因素的实际值替换比较值，直至所有因素替换完；③ 将替换后的数值与替换前的数值进行比较，差值可用于评价该替换因素的影响程度。

使用因素分析法分析引起成本变化的因素

某养老机构原计划生产糕点 500 件，材料单价为每千克 20 元，单位产品材料消耗量为 1 千克，计划成本总计 10 000 元。实际生产糕点 520 件，材料单价为每千克 22 元，单位产品材料消耗量为 0.9 千克，实际成本总计 10 296 元。试分析产量、材料单价、单位产品材料消耗量中，哪个因素对原材料成本的影响最大，哪个因素对原材料成本的影响最小。

分析：原材料成本取决于产量、材料单价、单位产品材料消耗量 3 个因素，下面按顺序逐个分析产量、材料单价、单位产品材料消耗量对原材料成本的影响。

第一次替换：520×20×1=10 400 元，产量增加对成本的影响为 10 400−10 000=400 元，产量增多使得成本增加 400 元。

第二次替换：520×22×1=11 440 元，材料单价提高对成本的影响为 11 440−10 400=1 040 元，材料单价提高使得成本增加 1 040 元。

第三次替换：520×22×0.9=10 296 元，单位产品材料消耗量下降对成本的影响为 10 296−11 440=−1 144 元，单位产品材料消耗量下降使得成本降低 1 144 元。

根据上述计算结果可知，单位产品材料消耗量对原材料成本的影响最大，产量对原材料成本的影响最小。

因素分析法是一种十分有效的财务分析方法，使用该方法可以分析出某项财务指标的各影响因素对该财务指标的影响程度，便于后续进行有针对性的管理与控制。但在使用因素分析法时，需要注意所分析指标的各影响因素与该指标之间是否具有客观的因果关系。

任务实施

案例描述：

某养老机构 2023 年第四季度的财务报表显示，该养老机构现有负债 200 万元，总资产 500 万元，销售收入 100 万元，各项成本 55 万元，应收账款平均余额 30 万元。上一年度第

四季度中，该养老机构有负债 180 万元，总资产 450 万元，销售收入 80 万元，各项成本 50 万元，应收账款平均余额 20 万元。

实施要求：

（1）请根据以上信息，计算该养老机构 2023 年第四季度和 2022 年第四季度的资产负债率、销售净利率、应收账款周转率、销售增长率。

（2）根据计算结果，使用比较分析法判断该养老机构的偿债能力、盈利能力、营运能力、发展能力的变化。

学习成果自测

1. 填空题

（1）人们往往把收入大于支出且略有结余视为______________。

（2）财务管理的环节是根据财务管理工作的程序划分的，主要包括财务预测、财务决策、_____________、_____________和财务分析。

（3）______________是指养老机构为在预算期内不经常发生的长期投资项目或一次性专门业务所编制的预算，如扩建房屋、购置固定资产等方面的预算。

（4）______________又称排除干扰控制，是指在财务活动发生前制定一系列制度和规定，把可能产生的差异予以排除的一种财务控制方法。

（5）财务分析是养老机构财务管理的重要环节，主要包括偿债能力分析、营运能力分析、____________和发展能力分析。

（6）使用_____________进行财务分析时，通常会将养老机构当前的各项经营数据与历史数据、预算数据和竞争对手的经营数据对比。

2. 选择题

（1）养老机构财务管理的原则不包括（　　）。

A. 资金结构优化原则　　B. 利益关系协调原则

C. 利润最大化原则　　D. 收支平衡原则

（2）下列关于养老机构财务管理的说法错误的是（　　）。

A. 最佳资金结构与财务风险和资金成本无关

B. 成本效益原则要求养老机构对其经营成本和效益进行分析，对其经济行为的得失进行衡量，使成本与收益得到最佳结合

C. 养老机构筹集到资金后，应将该资金投入到经营活动中，以获取利润

D. 营运资金周转速度越快，资金利用效率就越高，养老机构获取的利润相对越多

（3）（　　）是指以业务量、成本和利润之间的依存关系为依据，以预算期内可能发生的业务量变化为基础编制预算的方法。

A．固定预算　　B．弹性预算

C．增量预算　　D．零基预算

（4）养老机构财务控制制度的制约性原则体现在（　　）。

A．在设计财务控制制度时，要考虑财务控制的效益，以较低的控制成本达到理想的控制效果

B．财务控制制度本身是一种规范的准则，必须符合国家有关法律法规、政策和标准的要求

C．每一位财务控制制度的执行者都要按照规定的权利与义务实施财务控制活动

D．财务控制制度应当涵盖财务管理工作所涉及的各项业务及相关岗位，并且落实到决策、执行、监督、反馈等各个环节中

（5）下列关于养老机构财务分析的说法正确的是（　　）。

A．短期债务是需要在一年或一个营业周期以后偿还的债务，能够反映养老机构财务的安全性和稳定性

B．养老机构的发展能力在很大程度上取决于其未来获取利润的能力

C．结构比率是指某项经营活动的产出与投入的比率

D．将养老机构的各项实际数据与预算数据进行比较，可以得知该养老机构在市场中所处的位置

3．简答题

（1）简述养老机构财务管理的内容。

（2）简述定期预算与滚动预算的区别。

（3）简述养老机构财务控制的方法。

学习成果评价

进行学习成果评价，并将评价结果填入表 6-3 中。

表 6-3　学习成果评价表

班级		组号		日期	
姓名		学号		指导教师	
项目名称	养老机构财务管理				
评价项目	评价内容		分值	自我评分	教师评分
理论知识（50%）	财务管理的原则、内容和环节		10		
	预算的分类、养老机构财务预算的编制方法、执行与调整		15		
	财务控制的分类、方法和制度		15		
	财务分析的内容和方法		10		
实践技能（30%）	能够为养老机构选择合适的财务预算编制方法		10		
	能够为养老机构选择合适的财务控制方法		10		
	能够对养老机构的财务状况进行分析		10		
综合素养（20%）	遵守课堂纪律，积极回答问题		5		
	养成细致、专注、严谨的学习态度		5		
	树立规划意识		5		
	培养正确的消费观念		5		
合　计			100		
自我评价					
教师评价					

项目七
养老机构后勤管理

项目引言

后勤管理是养老机构管理的重要内容之一，有利于降低养老机构的运营成本，减少安全事故。养老机构应加强后勤管理，以维护正常的经营秩序，确保经营活动顺利开展。

知识目标

☞ 熟悉采购的分类和流程。
☞ 掌握采购管理的内容。
☞ 了解日常保洁管理和洗涤服务管理。
☞ 掌握消防安全管理、突发事故应急处理和投诉纠纷管理。

素质目标

☞ 通过学习与采购管理相关的知识，树立规则意识，弘扬契约精神。
☞ 通过学习突发事故应急处理，培养责任意识和担当精神。

任务一　养老机构采购管理

任务导入

多措并举加强养老机构采购管理

为规范养老机构食堂物资的采购管理工作，江苏省如皋市民政局发布了《关于进一步规范养老机构食堂物资进出入库管理和财务管理的通知》。该文件对养老机构食堂物资采购管理工作做出了以下规定。

1．加强业务学习，严守法律法规

养老机构食堂物资采购人员必须加强对相关法律法规知识和国家、省、市物资采购文件的学习，严格依法依规采购。公办养老机构在采购大宗副食品前，要请各镇（街道）财政部门审核把关，必要时可请公共资源交易中心、市场监督管理局进行指导，确保采购流程的合法性。

2．加强信息公开，确保权力透明

信息公开是采购管理最好的“防腐剂”。食堂物资采购关系到老年人的切身利益，养老机构务必做到物资采购和使用公开透明，采购票据与结算凭证齐全，进出入库登记手续完善。每张票据要注明采购人、证明人、验收人等，在采购过程中损耗物资必须由养老机构负责人签字。养老机构应定期公开食堂物资采购和使用情况，接受老年人及其家属的监督。

3．完善采购制度，杜绝铺张浪费

养老机构应严格把控食品进货渠道，采购人员必须到持有食品经营许可证的正规经营单位采购食品，并且严格落实食品采购检查、验收相关制度，严禁采购人员采购假冒伪劣食品和过期食品。养老机构应建立市场询价制度，定期进行询价，及时了解食品价格波动并与供应商协商采购价格，做到精准采购，杜绝铺张浪费。

（资料来源：《关于进一步规范养老机构食堂物资进出入库管理和财务管理的通知》，如皋市民政局官网，2022 年 12 月 5 日）

思考：

（1）什么是询价采购？询价采购和比价采购有何区别？

（2）养老机构的采购流程是怎样的？

（3）养老机构采购管理的内容有哪些？

一、采购的分类

按照采购渠道的性质、采购定价方式、采购时间等的不同，可以将采购分为不同的类型。养老机构可根据采购商品的种类、数量、单价、使用时间等，选择一种或多种采购方式。

（一）按照采购渠道的性质分类

按照采购渠道的性质，采购可分为直接采购、间接采购和联合采购 3 种。

1. 直接采购

直接采购是指养老机构直接向供应商进行采购。采用这种采购方式既可以避免中间商加价，又可以避免中途调包等情况。养老机构在采购生产性原材料、低值易耗品时，一般采用直接采购方式。

2. 间接采购

间接采购又称委托采购、中介采购，主要包括委托流通企业采购和调拨采购。委托流通企业采购是指依靠有资源渠道的贸易企业、商品企业等进行采购，或依靠专门的采购中介进行采购。调拨采购是指养老机构只提出采购计划，由国家或集团公司来完成采购计划。目前，除物资紧急调拨或执行救灾任务外，调拨采购方式应用得很少。间接采购适用于规模过小、缺乏直接采购能力的养老机构，或不具有采购资质和仓储设施的养老机构。

3. 联合采购

联合采购就是联合其他企业向供应商集中采购。一些中小型养老机构为了获得价格上的优势，会采用联合采购方式采购部分商品。

（二）按照采购定价方式分类

按照采购定价方式，采购可分为招标采购、询价采购、比价采购、议价采购、定价采购。

1. 招标采购

招标采购是指事先通过招标的方式，邀请所有的或特定的供应商参加投标，养老机构通过某种事先确定并公布的标准，从所有投标者中评选出中标供应商并与其签订合同的一种采购方式。养老机构常采用招标采购方式选择供应商。招标采购有公开招标采购和邀请招标采购、线下招标采购（见图 7-1）和线上招标采购等形式。招标采购活动应遵循公开、公平、公正、诚信的原则。

招标采购的流程

图 7-1　线下招标采购

2．询价采购

询价采购是指询价小组（由采购人员代表和专家共 3 位以上的单数成员组成，专家不少于成员总数的三分之一）根据采购需求，从符合资格条件的供应商名单中确定不少于 3 家供应商，向其发出询价单，供应商一次报出不可更改的报价后，由询价小组比较报价后，确定最优供应商并向其采购。

3．比价采购

比价采购是指采购人员请数家供应商报价，比价后从中选出供应商进行采购。

4．议价采购

议价采购是指采购人员在与供应商讨价还价后，按最终商议决定的价格向供应商进行采购。通常情况下，询价、比价和议价采购是结合使用的。

5．定价采购

定价采购是指采购方按自己确定的价格向供应商进行采购。当采购量巨大时，养老机构可采用定价采购方式进行采购。

（三）按照采购时间分类

按照采购时间不同，采购可分为即期采购和远期采购。

1．即期采购

即期采购是指商品交割发生在当下的采购，包括现货采购和紧急采购。

（1）现货采购。现货采购是一种“一手交钱一手交货”的采购方式，即供应商将商品交给养老机构，养老机构支付货款，双方钱货两清。

（2）紧急采购。紧急采购是指在抗灾抢险、战时动员等紧急状态下采用的特殊采购方式，一般由政府进行采购。紧急采购对时间的要求较高。

2．远期采购

远期采购是指商品交割并不发生在当下，而是发生在未来某个时间的采购，包括预购、期权采购、远期合同采购。

（1）预购。预购即预付货款采购，是指养老机构为得到所需商品而向供应商提前支付部分或全部货款的采购方式。预付货款后，养老机构并不能立即得到商品的所有权。

（2）期权采购。期权采购是指养老机构向供应商支付一定数量的费用后，拥有在规定期限内按事先约定的价格采购一定数量的商品的权利。

（3）远期合同采购。远期合同采购是指养老机构与供应商签订远期合同，按合同规定的交货价格和时间（未来某个时间）进行商品交割的采购方式。远期合同采购主要适用于需求量较大、耗用量有一定规律的大宗商品。

2～3 人一组，讨论养老机构可以采用哪些方式采购下列商品，并说明理由。教师随机选择几名学生，让其分享讨论结果。

（1）养老机构急需桌子 100 张、座椅 100 把。

（2）养老机构每日需采购肉类 20 千克、蔬菜 40 千克。

（3）养老机构在三个月后需要采购某种医疗设备 10 台。

（4）养老机构每个月需要采购洗发水 65 瓶、沐浴露 70 瓶。

二、采购的流程

采购的流程包括明确采购需求、制订采购计划、选择供应商、与供应商议价并签订合同、跟踪订单、验收商品并付款等。

（一）明确采购需求

采购需求主要来源于生产经营活动，养老机构需要采购膳食原料、生活用品、设施设备、办公用品等。通常情况下，由各部门负责人根据业务规划和实际需要，填写采购申请表。采购部门在收到采购申请表后，根据商品采购难度和市场情况，就采购量、能否在规定的时间内采购到所需商品等情况，与提出采购申请的部门进行沟通、确认，最后将采购清单提交相关领导，由其进行审批。

此外，采购部门还可以根据以往的商品需求情况、经济发展形势、市场供给情况和未来一段时间内的采购需求，做出是否需要提前采购的决定。

（二）制订采购计划

采购部门应将审批通过后的采购清单汇总、分类，再分配给不同的采购人员。采购人员在接到采购清单后，需要根据商品的种类、性质、使用时间等，制订出切实可行的采购计划。采购计划是为实现采购目标所做的预见性安排和部署，包括但不限于确定采购商品的种类、规格、型号，以及采购的数量、到货时间、货款支付方式、运输策略。

（三）选择供应商

采购人员可以在原先合作的供应商中选择符合需求的商家，也可以采用招标采购或询价采购等方式寻找新的供应商。如果采购商品的金额较大，宜采用招标采购方式。采购人员在选择供应商时，不仅要考虑供应商提供的商品的类型、质量、数量、价格和交货时间等能否满足采购需求，也要考虑供应商的信誉、质量管理能力、财务状况、商业信誉等。

（四）与供应商议价并签订合同

初步确定了供应商后，采购人员还应与供应商议价，以确定采购价格。有效的价格谈判有助于养老机构控制采购成本。在谈判过程中，采购人员应想方设法了解供应商的底价，在此基础上进行议价；如果采购价格过高，可考虑更换供应商，但是应注意维护与被更换的供应商的关系，避免影响以后的采购活动。

确定采购价格后，就应签订采购合同。采购合同是买卖双方就采购内容经过谈判后所达成的具有法律效力的书面协议，买卖双方的权利和义务都应在采购合同中载明。

（五）跟踪订单

为了确保供应商能够及时履行关于商品质量与发货的承诺，采购人员需要经常询问供应商的生产进度，并且尽可能走访供应商，尤其是对于关键的、金额较大的和提前期较早的采购项目。如果对供应商的供货能力及信誉已经做过全面分析，并且确定对方是遵守合同约定的可靠供应商，则可降低跟踪订单的频率。

（六）验收商品并付款

采购的商品送达后，采购人员应组织相关人员依据采购合同载明的标准对商品进行验收，如图 7-2 所示。商品验收是为了确保入库商品数量准确、质量完好，商品验收的结果也是货款结算的依据。如果在验收过程中发现供应商提供的商品与合同中的要求不符，则应拒收该批商品。如果商品验收合格，则表示供应商的供货过程已完成，养老机构应及时履行付款义务。

图 7-2　验收商品

三、采购管理的内容

采购管理是为保障养老机构正常生产与经营而对采购活动进行的计划、审核、优化、批准、实施等活动。采购管理的内容主要包括采购计划管理、供应商管理、采购合同管理、采购质量管理、采购绩效评估等。

（一）采购计划管理

采购计划管理的任务包括：① 根据要采购的商品特点，建立商品分类管理体系；② 根据养老机构的实际运行情况，综合分析、确定采购需求，制订采购计划；③ 对采购计划执行的情况进行监督；④ 制订采购计划管理规范；等等。

（二）供应商管理

如何激励供应商

供应商管理是对供应商了解、选择、开发、使用和控制等综合性管理工作的总称。供应商管理的目的是建立稳定、可靠的供应商队伍，为养老机构提供可靠的商品供应。供应商管理的内容包括调查与审核供应商、选择与使用供应商、考核供应商、激励与控制供应商、结束与供应商的合作等。

（三）采购合同管理

养老机构在与供应商签订采购合同后，还应加强对采购合同的管理，处理好采购合同的变更、终止和解除等事宜。在履行采购合同的过程中，一方当事人由于某种原因，不能完全按照采购合同中的约定履行义务时，一般会与对方协商变更合同的部分条款。采购合同的变更必须由一方提出并经对方同意。

（四）采购质量管理

采购质量管理是指通过对供应商质量评估与认证，建立采购质量保证体系，实现对采购质量的计划、组织、协调和控制，从而保证养老机构商品质量的活动。采购质量管理的内容主要包括：① 制定采购政策；② 制定供应商开发和选择流程；③ 参与供应商的商品质量控制过程；④ 制定商品验收标准；⑤ 建立采购质量档案；⑥ 对供应商进行质量考核。

（五）采购绩效评估

采购绩效评估是指通过建立科学、合理的采购绩效评估指标体系，对采购部门和采购人员的采购绩效进行评估，并根据评估结果进行采购管理的活动。采购部门的采购绩效评估指标主要包括价格成本指标、质量指标、数量指标和效率指标。其中，价格成本指标包括年采购总额、人均采购额等，质量指标包括采购质量合格率、供应商履约率等，数量指标包括储存费用、呆料和废料损失，效率指标包括采购计划完成率、采购及时率等。

任务实施

案例描述：

某养老院在郊区修建了一个分院，因缺少适老护理床，四处寻找供应商。为了使该分院能在国庆节前夕投入使用，联系供应商、比价、签订采购合同、预付货款等工作均由采购主管一人拍板。采购主管经朋友介绍联系到甲公司，在没有核查甲公司的经营资质的情况下，

仅凭对朋友的信任便与甲公司签订了采购合同，并预付货款 200 万元。结果，甲公司并未按约定的时间发货。经查证，甲公司根本不具备生产适老护理床的资质。采购主管通过交涉追回了预付货款，却使该分院错失了开业良机。

实施要求：

（1）学生自由分组，每组 3～5 人，从中选出一名组长。

（2）小组成员结合上述案例描述，分析下列问题：① 该养老院采用了哪种采购方式？② 该养老院的采购流程存在哪些问题？③ 该养老院应如何加强采购管理？

（3）组内成员达成一致意见后，由组长在课堂上分享分析和讨论结果。教师还可以根据各小组的分享内容设置问题，引导学生深入思考。

任务二　养老机构保洁与洗涤服务管理

任务导入

营造干净整洁的环境　让老年人生活得更舒心

上海市普陀区 Y 敬老院的洗衣房设在顶楼，原有水管压力小且未安装增压泵。当多台洗衣机同时工作时，会出现供水不足问题；若错峰使用洗衣机，则会影响洗衣房的工作效率，无法满足敬老院日常洗衣的需要。为了保障洗涤服务的质量，物业人员经过多次研究讨论，决定在原有洗衣设施的基础上增设一个圆形蓄水罐并加配一套电箱。改造后，洗衣房的供水量得到了充分保障，洗衣房的工作效率也大大提高了。

此外，Y 敬老院的晾衣场地被周边的高层建筑遮挡，光照不足，老年人衣物不易晒干。针对晾衣难问题，Y 敬老院延长了室外晾衣架以拓展晾衣空间，增设了室内晾衣架和烘干机。

进入夏季，老年人居室里容易滋生蚊蝇，保洁人员每天对老年人居室打扫消毒、驱蚊灭蝇，并做好通风换气工作，保持老年人居室环境整洁、空气清新。物业人员定期对 Y 敬老院各居室内的电风扇、空调等设备进行检查维修，以确保设备正常运转，杜绝安全隐患。为了照顾不爱开空调和受关节炎困扰的老年人，Y 敬老院还特地在空调上加装了防风挡板。

（资料来源：朱翼，《普陀这里的老人有福啦！原来解决了这三件事……》，澎湃新闻，2021 年 1 月 31 日）

思考：

（1）养老机构应如何进行日常保洁管理？

（2）养老机构应如何进行洗涤服务管理？

一、日常保洁管理

保洁服务是指使用专门的清洁设备及其他相关用品，对老年人居室、公共区域等进行清洁的活动。

（一）老年人居室保洁管理

老年人居室保洁应从清洁卫生、安全舒适、健康环保等方面入手。具体来说，老年人居室保洁应符合下列要求：

（1）每日清理居室内的垃圾桶，更换垃圾袋，确保居室内无异味。

（2）每日清扫老年人居室，做到地面无灰尘、无杂物、无水渍。

（3）每日整理老年人的生活用品和床铺（见图 7-3），确保生活用品摆放有序、安全、合理，床铺整洁。

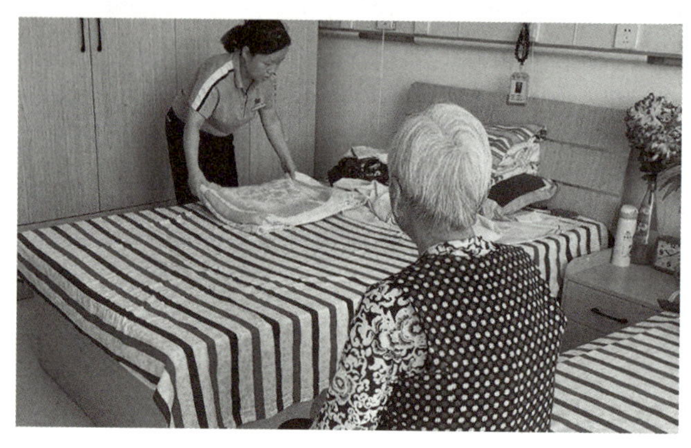

图 7-3　整理床铺

（4）每日清洁盥洗台、便池、便盆等，定期对卫浴设备进行消毒。

（5）定期擦拭家具、电器，定期清洗窗帘、门帘、纱窗、沙发套等。

（6）定期更换床上用品。如果床上用品被污染，一定要及时更换。

（7）定期擦拭门窗。

（二）公共区域保洁管理

养老机构的公共区域包括走廊、楼梯、电梯轿厢、大厅、食堂、公共卫生间、活动室、停车场、绿化带、道路等。公共区域保洁应符合下列要求：

（1）每日清理公共区域的垃圾桶，更换垃圾袋。

（2）保持公共区域整洁，做到物品摆放合理、地面清洁干燥、空气无异味。

（3）用餐后擦拭餐桌，将桌椅摆放整齐。

（4）每日清洁公共卫生间内的盥洗台、便池、便盆等。

（5）每日清扫停车场、绿化带、室外道路等。

（6）定期对公共区域进行消毒。

（7）卫生间、食堂、居室、活动室及其他区域的清洁设备和用具应区别使用并及时消毒。

（8）在提供保洁服务前及保洁过程中，应在显著位置设置安全提示标识。

二、洗涤服务管理

洗涤服务是为满足养老机构及老年人清洁织物需求，利用洗涤设备、洗涤剂（粉），对使用后的织物进行消毒、洗涤，以及送洗、送回的活动。下面结合《养老机构洗涤服务规范》（MZ/T 189—2021），介绍洗涤服务的基本要求、送洗与送回要求和洗涤流程。

（一）洗涤服务的基本要求

（1）养老机构的洗涤服务应符合相关法律法规和国家、行业标准的要求。养老机构应提供包括但不限于老年人衣物、被褥等织物的收集、消毒和清洗工作。

（2）养老机构应制定织物分类收集、消毒、清洗工作流程。老年人的个人衣物与床上用品应分类清洗。被污染的织物应单独收集、消毒、清洗。

（3）养老机构应建立织物卫生质量检测、清洁织物储存管理，以及从业人员岗位职责、职业防护等制度。

（4）养老机构内设医疗机构开展医疗护理服务的，其医疗卫生用品应按照医疗卫生的相关要求进行消毒、洗涤。

（5）养老机构洗涤服务从业人员应持有效健康证明，熟悉洗涤服务流程和要求，并通过培训。

（6）养老机构可采取协议外包方式，通过有相应资质的第三方洗涤机构提供洗涤服务。

（7）提供洗涤服务的养老机构应设公共洗涤场所，配备洗涤设备（见图 7-4）并每日消毒、清洗设备，保持公共洗涤场所环境整洁。

公共洗涤场所要求

图 7-4　洗涤设备

（二）送洗和送回要求

1．送洗

（1）床上用品每月至少清洗 2 次，衣服每周至少清洗 1 次，随时处理被污染的特殊织物。其他织物可按老年人的实际需求制订换洗计划。

（2）准确标示所收集的织物，并且在收集时少抖动织物，当面登记、验清织物并做好记录。

（3）应将被污染的织物用密闭的袋子封装后送洗，不在老年人活动区和居室内分类、清点织物。

（4）应在指定地点收集脏污织物。被血液、排泄物、分泌物污染的织物和疑似感染性织物应封闭运输。确认为感染性织物的，应在老年人床边用密闭的袋子收集。

（5）脏污织物宜采用可重复使用的专用布袋或包装箱（桶）收集，也可以用一次性专用塑料袋收集。

（6）应配置被污染织物和清洁织物专用运输工具，该工具不应交叉使用。根据污染情况定期对运输工具消毒、清洗，但是运送感染性织物后的运输工具在使用后应立即消毒、清洗。

2．送回

（1）在送回洗涤后的织物前，应对其进行检查，确保织物完好无损。

（2）分类整理洗涤后的织物，及时将织物送回并做好记录。

（三）洗涤流程

1．消毒、洗涤织物

（1）在洗涤织物时，应先进行冲洗，宜浸泡 30 分钟以上，然后消毒，最后清洗。

（2）按照预洗、主洗、漂洗等步骤洗涤织物，并做好记录。

2．干燥、整理织物

（1）洗涤后应对织物进行干燥处理。如果洗涤场所内无烘干设备，则应做好织物晾晒工作。

（2）检查洗涤后的织物，保证织物无破损、无变形、无水渍、无污垢、无异味。

（3）整理洗涤后的织物，并对其进行清点核对。

任务实施

案例描述：

案例一：李爷爷，90 岁，生活不能自理，居住在养老院中。某日，李爷爷的女儿突然来访，她发现李爷爷居室的地板上随意摆放着便盆、洗脸盆和几把椅子，便盆旁还有使用过的卫生纸，垃圾桶散发着异味，窗户玻璃上满是灰尘，于是便向该养老院的护理部主任反映李爷爷居室内的卫生环境不达标。不久后，李爷爷的女儿就为李爷爷办理了离院手续。

案例二：小陈是某养老院洗涤中心的员工。某日上午，小陈按照养老护理员的要求来到李奶奶的居室收集需要清洗的衣服和床单时，发现需要清洗的裤子有血渍，上衣没有血渍，需要清洗的床单已被排泄物污染。

实施要求：

（1）根据案例描述和本任务所学知识，回答下列问题：① 怎样改善李爷爷居室内的环境？② 小陈应如何收集李奶奶的衣服和床上用品？

（2）教师随机选择几名学生回答上述问题，并对学生的回答进行点评。

任务三　养老机构安全管理

任务导入

F 养老院配合有关部门开展安全隐患排查活动

为保障老年人的生命、财产安全，提高安全管理水平，F 养老院配合有关部门开展了安全隐患排查活动。

检查人员首先对 F 养老院的疏散通道是否通畅，消防设施设备是否齐全、有效，排风管道、天然气管道是否老化等情况进行了全面排查。检查人员表示，对这些项目进行全面排查不仅能够降低安全事故发生的概率，还能够为火灾救援争取更多的时间。

此外，F 养老院还对老年人的居室进行了全面排查。检查人员发现，部分老年人安全意识淡薄，电源插座旁堆满易燃物；部分老年人不清楚安全出口和灭火器的位置；个别老年人在居室内使用电饭锅煎药……针对这些情况，F 养老院表示下一步将加强对老年人的安全教育。

检查人员还仔细审阅了 F 养老院的突发事故预案，并考察了相关责任人对突发事故预案的熟悉程度。检查人员要求相关责任人克服侥幸心理，落实工作责任，切实加强对消防、用电安全、治安事件等的安全管理工作。

此次安全隐患排查活动提高了 F 养老院员工和老年人的安全防范意识。F 养老院根据排查出的风险点，制定了有针对性的整改措施。未来，F 养老院将继续加强安全管理，保障老年人的起居安全。

思考：

（1）养老机构安全管理包括哪些内容？

（2）养老机构应如何应对火灾事故？

一、消防安全管理

养老机构应严格遵守《中华人民共和国消防法》《机关、团体、企业、事业单位消防安全管理规定》等消防法律法规和规章，严格执行《建筑防火通用规范》等强制性消防标准，严格规范消防安全管理行为，防止火灾发生，减少火灾危害，切实保障老年人的安全。下面根据《养老机构消防安全管理规定》，介绍养老机构消防管理的基本要求。

（1）养老机构应当建立健全岗位消防安全责任制，明确相应的消防安全责任人员及其职责，制定消防安全管理制度和操作规程。

（2）养老机构与其他单位共同使用同一建筑物的，应当与其他单位进行防火分隔，明确各方的消防安全责任和消防车通道、消防车登高操作场地、涉及公共消防安全的疏散设施和其他共用建筑消防设施的管理责任。养老机构的厨房、烧水间、配电室、锅炉房等设备用房，应当单独设置或者与其他区域进行防火分隔。

（3）养老机构应当按照国家规定配置消防设施、器材，定期对消防设施、器材进行维护、保养、检测；应当确保疏散通道、安全出口畅通；保持常闭式防火门处于关闭状态，常开式防火门应能在火灾发生时自行关闭；保证消防应急照明、疏散指示标志（见图 7-5）完好有效；应当在各楼层的明显位置设置安全疏散指示图，配备轮椅、担架、呼救器、过滤式自救呼吸器、疏散用手电筒等安全疏散辅助器材。

图 7-5　疏散指示标志

（4）养老机构应当选用符合国家规定的电气设备，应当根据需要设置电动自行车、电动摩托车和电动轮椅集中停放、充电场所，安装符合用电安全要求的充电设施。

（5）禁止在养老机构室内活动区域和廊道吸烟、烧香。禁止使用明火照明、取暖。因施工等特殊情况需要进行电焊、气割等明火作业的，应当依法办理动火审批手续。

（6）养老机构应当遵守安全用气规则，使用合格的燃气燃烧器具和气瓶；应当安装可燃气体探测报警装置和自动切断装置。厨房设在地下室、半地下室和高层建筑内的，严禁使用瓶装液化石油气。

（7）养老机构应当实行 24 小时值班制度。

（8）养老机构应当建立消防档案，并由专人统一管理；应当定期开展防火巡查、检查，填写巡查、检查记录；对于防火巡查、检查中发现的问题，应当及时纠正。

（9）养老机构应当制订有针对性的灭火和应急疏散预案，每年至少组织一次消防演练。

（10）养老机构应当至少每半年对全体员工开展一次消防安全培训，对新上岗员工进行上岗前消防安全培训。

（11）养老机构应当通过张贴标语和海报、发放消防手册、播放火灾案例视频、举办消防文化活动等形式，面向入住老年人宣传消防安全常识，重点介绍火灾危险性、安全疏散路线、用火用电常识、灭火器材的位置和使用方法（见图 7-6）等。

图 7-6　指导老年人使用灭火器

智慧用电监管系统为养老机构筑牢“防火墙”

智慧用电监管系统利用物联网技术，对配电系统各关键节点的电流、温度、电压等参数实现 24 小时在线动态监控，对可能存在的安全隐患进行不间断的数据跟踪与统计分析，一旦监测到线路有异常，就会迅速发出报警信息并显示故障原因，以便相关人员及时响应和处理。

“我们老年人行动不便，一旦遇到火灾，非常危险。好在我们养老院安装了智慧用电监管系统，让我感到特别安全。”住在长春市二道区 R 养老院的刘爷爷高兴地说。不仅老年人觉得安全，何院长也认为智慧用电监管系统能够精准地排查用电安全隐患。他说：“这套设备真是太灵敏了，只要电气线路有异常，该设备就会及时报警，极大地降低了火灾发生的风险。”

自长春市二道区民政局推荐 R 养老院使用智慧用电监管系统一个多月以来，该系统共查出 R 养老院用电重点隐患 12 处，电压隐患 5 处，电流隐患 6 处。养老院负责人纷纷表示：“我们终于可以睡个安稳觉了！以前我们每个月都要组织检查人员进行用电安全检查，他们虽然很认真地排查，但是难免存在疏漏。如今有了这套系统，按系统发出的警报信息，检查人员能够快速、准确地找到隐患点。”

二、突发事故应急处理

突发事故包括停水、停电、火灾事故、治安事件和自然灾害等。养老机构加强突发事故的应急处理，能有效减少突发事故造成的损害，保障老年人和员工的生命安全和财产安全。

（一）停水、停电应急处理

停水、停电时，为了确保老年人的生活不受影响，养老机构应按照以下流程进行应急处理：

（1）如果提前收到停水、停电通知，则应在停水、停电前指导老年人蓄水、充电，通知食堂备餐。

（2）如果遇到突发性停水、停电，则应查明停水、停电的原因。若不是自身原因导致的停水、停电，则应立即拨打自来水公司的电话和供电服务热线，问清楚停水、停电的原因和可能持续的时间。若是自身原因导致的停水、停电，则应立即通知后勤部门进行维修。

（3）对于不能在短时间内修复，可能影响正常生活的停水、停电事故，应启动应急预案。可启用备用水源，保证基本饮用水的供应；启用备用发电机，保证室内照明灯具、路灯等的基本用电。

（4）选择合适的时间向老年人通报停水、停电的原因及维修进度，以稳定老年人的情绪。

（二）火灾事故应急处理

（1）值班人员接到火灾报警电话并确认发生火灾后，应立即拨打火警电话 119，同时向养老机构消防安全责任人或消防安全管理人报告，启动灭火和应急疏散预案，召集员工灭火。

（2）养老机构负责人通知上级领导到场。

（3）员工参与救援和灭火，转移、疏散老年人，减少人员伤亡。

（4）火灾发生后，养老机构负责人要制定出消防车、救护车行驶路线，做好接车准备。

（5）养老机构负责人应配合有关部门做好灾后善后处置工作。

（三）治安事件应急处理

（1）发现老年人争吵、斗殴时要及时制止，在制止时不能动手，也不能口出恶言。如果事态严重，则应拨打报警电话 110 并通知老年人家属。有人员受伤时，应对伤员进行救治并拨打急救电话 120。

（2）如果有未经允许强行闯入养老机构者或发现不良分子袭击、行凶，则应立即拨打报警电话 110 请求援助，并组织老年人转移到相对安全的地方躲避。

（3）根据治安事件的严重程度，决定是否启动应急预案，是否上报上级主管部门。

（4）治安事件发生后，养老机构应配合有关部门查清事件的原因。

（四）自然灾害应急处理

养老机构应密切注意气象、地震等部门发出的灾情预警，及时采取自然灾害预防措施，尽量将灾害损失降到最低。下面介绍自然灾害应急处理流程。

（1）发生自然灾害后，养老机构应迅速启动应急预案，及时向当地民政、公安、消防、医疗卫生等部门请求支援。

（2）成立自然灾害应急处理工作组，包括领导小组、现场抢险组、治安保卫组、后勤保障组。各工作组的主要职责如下：① 领导小组统一指挥和组织养老机构的抢险救灾工作，向当地政府和民政部门报告灾情和人员伤亡情况；② 现场抢险组组织老年人避难或将老年人转移到安全地带，如就近的应急避难场所（见图 7-7）；③ 治安保卫组维护现场秩序，保障抢险救灾工作的顺利进行；④ 后勤保障组确保抢险设备正常运转，物资供应及时、充足。

图 7-7　应急避难场所

（3）养老机构应根据自然灾害发生的情况，迅速开展救援工作，一旦发现受伤人员，立即组织救治。在洪水灾害应对中，养老机构要提前做好老年人尤其是失能、失智老年人的转移准备工作，准备好转移途中必要的护理设备和物资。在台风、山体滑坡、泥石流等灾害应对中，养老机构应提前根据养老机构建筑物及其周边环境研判风险，将老年人转移到相对安全的区域。在地震灾害应对中，养老机构应将老年人就近转移到应急避难场所，及时清点人数并做好心理安抚，等待进一步的救援安置。

养老机构的应急机制

（4）控制危险源。养老机构应及时采取有效措施控制内部的易燃易爆物和电力、燃气等各类危险源，并封锁危险场所，划定警戒区，防止发生次生、衍生事故。

（5）配合、引导专业救援。养老机构应帮助专业救援人员了解本机构建筑物的构造、被困人员的分布、应急设施设备的配备等情况，为应急救援提供引导。

（6）配合有关部门做好灾后善后处置工作。

同步案例

某敬老院开展地震应急疏散演练

为进一步加强安全管理，提高敬老院全体人员的防震减灾安全意识和自救、互救能力，某敬老院开展地震应急疏散演练，并邀请其所在县的地震局工作人员到现场指导。

演练开始前，地震局工作人员详细讲解了防震抗震知识，并对避震的方法、动作进行了示范。演练当日下午两点，随着地震警报声响起，演练正式开始。敬老院院长下达紧急避险指令，敬老院全体人员进入紧急避震状态。在各楼梯口，疏散人员第一时间就位，指导老年人躲避到房间墙角、床下、坚固的三角区等安全地带；第二次警报声响起，疏散人员组织老年人迅速离开房间，并且按照演练方案制定的疏散路线，引导老年人前往院内空旷处。敬老院全体人员在 3 分钟内撤离到安全地带，疏散人员清点人数后向院长报告撤离人数，整个演练过程迅速、有序。

此次应急疏散演练有效提高了养老机构员工和入住老年人的紧急避险和自救应变能力。除学习地震应对方法外，养老机构员工还应不断学习自然灾害事故的处理技巧，提高应急反应能力，以担当精神和高度的责任感做好突发事故应急处置工作。

三、投诉纠纷管理

养老服务纠纷可能由多种原因引发，如意外事故、养老机构在经营活动中的纰漏等。养老机构应妥善处理养老服务纠纷，维护双方的合法权益。

（一）养老服务纠纷的分类

常见的养老服务纠纷可分为以下几种：

（1）人身损害赔偿纠纷和财产类纠纷。老年人摔伤、噎食、骨折、猝死等引发的纠纷属于人身损害赔偿纠纷，有关服务费用、老年人财产损失的纠纷属于财产类纠纷。

（2）经常性纠纷和偶发性纠纷。有关服务质量、老年人摔伤等的纠纷发生频率较高，属于经常性纠纷；由食品中毒、火灾等发生频率较低的事故引发的纠纷属于偶发性纠纷。

（3）可避免的纠纷和难以避免的纠纷。定期对老年人进行体检和心理疏导可在一定程度上避免一些纠纷，但是并不是所有的纠纷都能避免。对于难以避免的纠纷，养老机构可以提前制订应急预案和购买保险，尽可能降低纠纷造成的影响和损失。

（二）养老服务纠纷的处理流程

养老机构可按照以下流程处理养老服务纠纷：

（1）告知老年人及其家属纠纷处理的办法和程序。

（2）在老年人及其家属在场的情况下，对服务协议等资料进行封存，妥善保管封存的资料。

（3）突发养老服务纠纷时，养老机构应先妥善安置老年人。老年人在养老机构内死亡的，依照殡葬管理有关规定处理。

（4）对责任明确、无重大分歧的纠纷，当事人双方可以协商解决。协商解决应当坚持自愿、合法、平等的原则，双方经协商，可以达成和解协议。

（5）因和解协议的履行或者内容引发争议的，可向当地人民调解委员会（见图 7-8）申请调解或向人民法院提起诉讼。

图 7-8　人民调解委员会

小贴士

在纠纷处理过程中，发生老年人家属或者其他人员实施围堵、聚众闹事等扰乱正常服务秩序，侵犯养老机构和其他老年人合法权益等涉嫌违法犯罪行为的，养老机构应当及时向所在地公安机关报告。

任务实施

案例描述：

某日凌晨，某养老院的值班人员小翟听到火灾报警器发出的警报声。由于对火灾报警器操作不熟练，小翟无法准确判断起火房间的具体位置，于是逐个楼层、逐个房间开始寻找起火地点。10 多分钟后，小翟终于在 3 楼某个房间内发现明火，于是打电话通知其领导。为防止火势扩大蔓延，小翟立即进行灭火。

发生火灾事故的房间内共有 4 名老年人，每张床位下都堆积了很多未使用的尿不湿、尿垫等可燃物。据悉，该养老院近 3 年未开展过消防安全演练。员工消防意识不强，不熟悉火灾事故处理流程，不会使用消防设备，错过了最佳的灭火时机。一位老年人因吸入大量浓烟窒息死亡。

实施要求：

（1）学生自由分组，每组 3～5 人，从中选出一名组长。

（2）小组成员结合上述案例描述，分析下列问题：① 小翟在处理火灾事故时存在哪些问题？② 正确的火灾事故应急处理流程是怎样的？③ 该养老院的消防安全管理存在哪些问题？

（3）组内成员达成一致意见后，由组长在课堂上分享分析和讨论结果。教师还可以根据各小组的分享内容设置问题，引导学生深入思考。

学习成果自测

1. 填空题

（1）按照采购渠道的性质，采购可分为直接采购、间接采购和__________3 种。

（2）__________是买卖双方就采购内容经过谈判后所达成的具有法律效力的书面协议，买卖双方的权利和义务都应在其中载明。

（3）保洁服务是指使用专门的清洁设备及其他相关用品，对__________、公共区域等进行清洁的活动。

（4）在洗涤织物时，应先进行__________，宜浸泡 30 分钟以上，然后__________，最后__________。

（5）在提供保洁服务前及保洁过程中，应在显著位置设置__________。

（6）养老机构应当制订有针对性的灭火和应急疏散预案，每年至少组织一次__________。

（7）老年人摔伤、噎食、骨折、猝死等引发的纠纷属于__________，有关服务费用、老年人财产损失的纠纷属于__________。

2. 选择题

（1）最能体现公开、公平、公正、诚信原则的采购方式是（　　）。

A．询价采购　　B．定价采购

C．招标采购　　D．议价采购

（2）下列关于养老机构采购管理的说法正确的是（　　）。

A．采购部门应严格按照采购申请表进行采购

B．采购部门可以做出提前采购的决定

C．供应商管理的目的是加强采购合同管理

D．采购合同的变更不需要征得供应商的同意

（3）下列关于养老机构保洁与洗涤服务的说法正确的是（　　）。

A．每周清理居室内的垃圾桶，更换垃圾袋，确保居室内无异味

B．如果床上用品被污染，一定要及时更换

C．老年人的个人衣物与床上用品可以混洗

D．可在老年人活动区和居室内分类、清点织物

（4）下列关于养老机构消防安全管理的说法不正确的是（　　）。

A．养老机构的厨房设在高层建筑内的，可以使用瓶装液化石油气

B．养老机构与其他单位共同使用同一建筑物的，应当与其他单位进行防火分隔

C．养老机构应当至少每半年对全体员工开展一次消防安全培训

D．禁止在养老机构室内活动区域和廊道吸烟、烧香

（5）下列关于养老机构安全管理的说法不正确的是（　　）。

A．值班人员接到火灾报警电话并确认发生火灾后，应立即拨打火警电话 119

B．养老机构根据治安事件的严重程度，决定是否启动应急预案和上报上级主管部门

C．发生自然灾害后，养老机构应迅速启动应急预案，及时向当地民政、公安、消防、医疗卫生等部门请求支援

D．对于能在短时间内修复的停水、停电事故，应启动应急预案

3．简答题

（1）简述养老机构采购的流程。

（2）简述养老机构采购管理的内容。

（3）简述养老机构自然灾害应急处理的流程。

学习成果评价

进行学习成果评价，并将评价结果填入表 7-1 中。

表 7-1　学习成果评价表

班级		组号		日期	
姓名		学号		指导教师	
项目名称	养老机构后勤管理				
评价项目	评价内容		分值	自我评分	教师评分
理论知识（40%）	采购的分类和流程		5		
	采购管理的内容		5		
	日常保洁管理和洗涤服务管理		10		
	消防安全管理		10		
	突发事故应急处理和投诉纠纷管理		10		
实践技能（40%）	能够选择合适的采购方式采购商品		10		
	能够对养老机构的保洁服务和洗涤服务中存在的不足提出合理的改进建议		10		
	能够判断养老机构的消防安全管理是否符合规范		10		
	具备处理养老机构的突发事故和投诉纠纷的能力		10		
综合素养（20%）	遵守课堂纪律，积极回答问题		5		
	养成细致、专注、严谨的学习态度		5		
	树立规则意识，弘扬契约精神		5		
	培养责任意识和担当精神		5		
合　计			100		
自我评价					
教师评价					

参考文献

[1] 杨根来，刘开海．养老机构经营与管理［M］．北京：机械工业出版社，2019.

[2] 李健，石晓燕．养老机构经营与管理［M］．南京：南京大学出版社，2020.

[3] 周素娟，李海燕．养老机构运营与管理［M］．北京：北京理工大学出版社，2021.

[4] 卢霞，周良才．老年服务与管理概论［M］．北京：北京大学出版社，2022.

[5] 奚伟东，邵文娟．养老机构管理与服务［M］．北京：清华大学出版社，2021.

[6] 张运平，黄河．智慧养老实践［M］．北京：人民邮电出版社，2020.

[7] 于敏，张振霞，王燕，徐玉梅．智慧养老实务［M］．北京：化学工业出版社，2022.

[8] 左美云．智慧养老［M］．北京：清华大学出版社，2022.

[9] 张岩松．智慧健康养老服务与管理［M］．北京：清华大学出版社，2023.